Erschienen in der Suhler Verlagsgesellschaft mbH & Co. KG
Schützenstraße 2, 98527 Suhl.
Redaktion: Cornelia Bauer, Peter Lauterbach, Mario Zettwitz
Gestaltung: Thomas Buttgereit

Erstauflage 2005
3. überarbeitete Auflage 2018

Druck: RESCH DRUCK GmbH, Klostergasse 2, 98617 Meiningen

ISBN 978-3-9810357-0-4

Konsum-Marken

Ein unterhaltsamer Rückblick auf das Ostprodukt | 1

Produktverzeichnis

Konsum, Konsum, Konsum ...

Seien wir mal ehrlich: Von früh bis spät dreht sich alles nur um Konsum. Übrigens kein Phänomen von heute! Bitte sich zu erinnern, Ende der Fünfzigerjahre ging es mit „unserem“ Konsum auch mal aufwärts.

Das war, als die Marken wegfielen und es die „gute Butter" ohne Marken gab. „Markenbutter" war das trotzdem, denn statt der Lebensmittel-, gab es nun Wertmarken …

Auch ich habe heute noch Konsumwertmarken zu Hause, im Wert von, na ja so 147 000, irgendwas werden sie schon gut und gerne noch bringen. Natürlich habe ich sie aufgehoben, meine Konsumwertmarken – wer weiß, wenn es mal wieder andersrum kommt, hab' ich wenigstens ausreichend Marken.

Damals kam ich vor lauter Arbeit ja gar nicht zum Umrubeln der Marken. Ständig war ich unterwegs zur „Halle" und musste gucken, ob es „was" gibt. Aber es gab ja nischt, außer eben die Marken. Ich habe die Marken geklebt und geklebt und geklebt, man wurde richtig satt davon!

Übrigens: Das ist heute mit den Briefmarken genauso, aber Ostbriefmarken schmeckten trotzdem viel besser als Westbriefmarken! Das liegt am Leim, denn der war früher noch aus Knochen, aus Mark(x)knochen – also viel gesünder sowieso. Ich behaupte: Würde die Deutsche Post heute unseren Leim verwenden, sie müsste nicht aller Minuten das Porto erhöhen! Mit der Bahn ist es genauso. Weshalb muss die Bahn an die Börse? Es reicht doch, wenn sie pünktlich ist!

So, nun ist alles gesagt. Liebe Leser aus Thüringen und liebe Menschen, die außerhalb Thüringens leben müssen: Lernen auch Sie bei der Lektüre dieses einzigartigen Ostprodukts noch etwas dazu! Mir jedenfalls hat das Kleinod „Konsum-Marken" – ein Thüringer Original, weil von den Journalistinnen und Journalisten von „Freies Wort" aus Suhl – seinerzeit Hauptstadt der „autonomen Gebirgsrepublik" hinter den Bergen – aufgeschrieben, sehr gefallen.

Wobei: Ich vermisse „Apfelfips" in dieser langen Liste der Ostprodukte. Das legendäre DDR-Apfelfruchtsaftgetränk, heute weltmännisch „Schorle" genannt. Apfelfips gab es für mich regelmäßig in Abständen, genauer gesagt, einmal im Jahr im Zug auf der Fahrt von Dresden nach Suhl. Neun Stunden dauerte dic Fahrt, das sind 540 Minuten, für ein zehnjähriges Kind eine Zumutung. Der Zug hatte planmäßig Aufenthalt in Jena-Göschwitz, ich weiß gar nicht, ob es den Bahnhof Jena-Paradies damals schon gab. Es gab doch nischt, außer eben diesen planmäßigen Aufenthalt, alles andere war mäßig geplant im SED-Staate. Nach 25-jährigem Vergleich beider Systeme, darf ich als Überlebender der Wende feststellen: Vielleicht war die DDR ein Unrechtsstaat, in dem es aber auch Gerechtigkeit gab, und wir hier leben in einem Rechtsstaat mit viel Ungerechtigkeit.

Trotzdem erinnern wir uns gerne an früher. Dabei sollen ihnen die Konsummarken eine kleine Gedankenstütze sein. Also: Auf geht's, erinnern Sie sich, stöbern Sie, schwelgen Sie, seufzen Sie!

Ich persönlich liebe Suhl, die Bratwürste, aber vor allem den Menschenschlag. Die Menschen hier sind zögerlich, stolz und aufrichtig. Alles das sind Markenzeichen, die in einer Konsumgesellschaft „dringend" gebraucht werden. Auch wenn es dafür heute keine Marken mehr gibt.

Ihr Uwe Steimle

Mario Zettwitz

Es knirschte im System

Lange bevor das Krümelmonster in der Sesam-Straße auftauchte, trieb es in Gestalt von Jungpionieren und Sachbearbeitern in der DDR sein Unwesen. Ob beim Basteln oder beim Ablegen flatterhafter Belege, der Barock-Leim aus Dresden gehörte zur Grundausrüstung. Die hellbraune Flüssigkeit im langhalsigen Fläschlein wurde mit einem im Duroplastschraubverschluss befestigten, kratzbürstigen Pinsel aufs Papier gestrichen. Kleben tat es tadellos, nur das Papier schlug heftige Wellen.

Nach mehrmaligem Gebrauch begann der Verschluss ebenfalls gut zu verkleben. Das Öffnen der Flasche wurde zum Kraftakt. Mit vernehmbarem Knirschen löste sich irgendwann der Verschluss und über den Tisch krümelten unzählige Leimkristalle. Wer hören wollte, wie es im DDR-Gemeinwesen knirschte, musste sich nur an einen Tisch mit Barock-Leim setzen.

Die Wurzeln der Barock Bürobedarf GmbH reichen zurück bis zur ersten deutschen Tinten- und Tuschefabrik des August Leonhardi (1826). 50 Mitarbeiter stellen heute noch Verbrauchsmaterialien für Schule und Büro her. Zur Freude aller Krümelmonster

Preisfrage

Was wäre passiert, wenn der Berliner Fernsehturm umgefallen wäre?

Ganz einfach

Man hätte mit dem Fahrstuhl in den Westen fahren können.

Feste Bindung mit Barock-Leim

gibt es den kultigen Kleber noch. Er heißt jetzt Barofix und scheint sich bundesweiter Beliebtheit zu erfreuen. Oder weshalb knirscht es immer so bei den Reformen?

Mehltau

Ein hoher Parteifunktionär besucht eine LPG. Der LPG-Vorsitzende – treuer Sozialist – verkündet voller Stolz: „Genosse Parteisekretär! Seit zwanzig Jahren bauen wir nun schon Weizen in unserer LPG an und es kam noch nie vor, dass wir Mehltau hatten!" Darauf der Parteifunktionär: „Genosse! Ich lobe mir deinen Einsatz für die sozialistische Landwirtschaft! Natürlich bin ich mir bewusst, dass es auch in unserem Staat hie und da Engpässe bei der Versorgung gibt, aber ich werde mich persönlich darum kümmern, dass ihr in Zukunft Mehltau bekommt…"

VOLKER KRING

Das andere Porträt

Meine Beirette hieß Pouva SL. Das schwarze Plastegehäuse hatte außer einem knallroten Auslöseknopf, einem Einstellring für die Entfernung und einem mit den Symbolen sonnig, bewölkt und „B" sowie einem Hebel für den Filmtransport keine technischen Extras zu bieten. Und doch war es wahrscheinlich gerade diese spartanische Grundausstattung, die mich letztendlich für die Fotografie begeisterte.

Meine Pouva lag in einem Schaufenster in Bad Schandau in der Sächsischen Schweiz. Wir waren im Urlaub, ich hatte gerade die erste Klasse hinter mir und wollte unbedingt meine eigenen Urlaubsbilder knipsen. Also nervte ich meine Eltern, bis ich den kleinen Apparat in den Händen hielt. Sodann fotografierte ich für den Rest der Urlaubszeit alles, was mir vor die Linse kam. Wochen später – unser Vermieter, ein Mann knapp an die 80, war inzwischen gestorben – kamen dann endlich die Abzüge aus dem Labor.

Meine Unerfahrenheit als Fotograf und die bescheidenen Einstellmöglichkeiten meines Fotoapparates zeitigten nicht unbedingt ausstellungsreife Ergebnisse. Doch ein Foto stach zwischen den

DDR

Diese Abkürzung kommt eigentlich aus dem Russischen und heißt: Daway, daway rabotatj!

Beirette machte Seelenbilder

anderen heraus. Es war ein Porträt unseres Vermieters. Etwas unscharf und fehlbelichtet wie die anderen Bilder, besaß es aber eine Aura, die die kommenden Ereignisse vorwegzunehmen schien. Ein Leuchten wuchs über den Körper des Mannes hinaus, der Gesichtsausdruck schon dem Diesseits entrückt. Es war ein Seelenbild – und ich ob solcher Möglichkeiten fortan der Fotografie verfallen.

Hilfe beim Umgraben

Werner aus Gera schreibt nach Hamburg:
„Lieber Onkel Paul! Vielen Dank für Dein Paket, ich habe die Pistole und die Munition im Garten vergraben."
14 Tage später schreibt Werner wieder: „Lieber Onkel Paul! Du kannst jetzt den Blumensamen schicken, mein Garten wurde umgegraben..."

An Sender Jerewan

Braucht die Schweiz ein Ministerium für Hochseefischerei?

Antwort

Im Prinzip nicht, aber auch die DDR hatte ein Ministerium für Handel und Versorgung.

Ralf Brückner

Undichter Sozialismus

„Der Holzwurm hat es schwer, / der Hunger plagt ihn sehr. / Die Möbel sind aus Plaste, / da sagt der Wurm: ‚Ich faste!'" Dieses drollige Gedicht für Kinder des DDR-Autoren Peter Hacks habe ich mir gemerkt, weil es den Kunststoff-Wahn in der DDR recht gut karikiert. Raritäten wie Holz und Metall wichen dem allgewaltigen Plaste & Elaste, denn solches gab's im landeseigenen Chemie-Dreieck ja reichlich. Dieses Prinzip kam natürlich auch für die Armaturen in Bad und WC zur Anwendung, aber deren Widerstandskraft gegen Wasserdruck und andere Umwelteinflüsse hielt sich leider in materialbedingt engen Grenzen.
Ergebnis: Früher oder später mutierte jede Gemeinschaftsdusche oder -toilette zur Tropfsteinhöhle. Und Vorsicht! Der Versuch, dieses Problem tumberweise durch ein kräftigeres Zudrehen der Hähne zu lösen, konnte nicht selten mit einem mehr oder weniger leisen „Knacks!" enden – plus Sprint zum Haupt-Absperrhahn.
Ich bin heute fast der Überzeugung, dass sich nach der Grenzöffnung der größte Konsum-Schock für einen DDR-Bürger dann eingestellt hat, als er zum ersten Male den Sanitärbereich eines

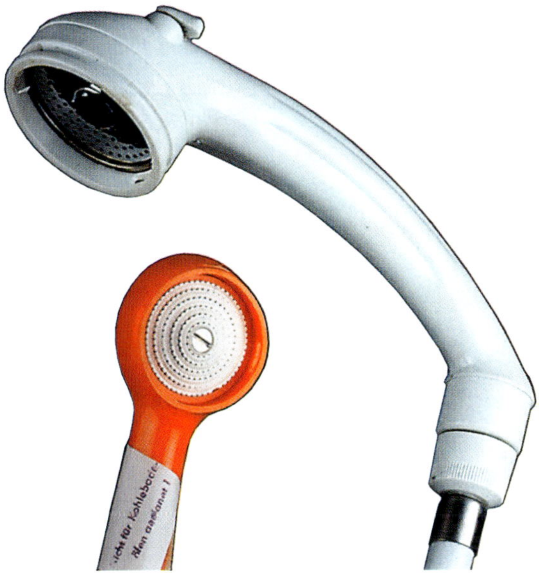

Armaturen aus Plaste sorgten für Tropfsteinhöhlen

Baumarktes betrat. Und in der Umkehrung folgerte ein Journalisten-Kollege aus Würzburg nach seinem ersten Besuch in solch einer unserer „Nass-Zellen" messerscharf: „Ihr seid zu arm zum Sparen!"

Siechtum

„Der Sozialismus siegt", so erstrahlte jeden Abend die Leuchtschrift über dem Hochhaus am Pirnaischen Platz in Dresden. Jedes Mal, wenn der Dresdner dort vorbeifuhr, las er das mit Genugtuung auf Sächsisch: „Dor Sozialismus siecht."

Können Sie vielleicht…?

Was war das meistbenutzte Wort an der deutsch-deutschen Grenze? Natürlich „Gänsefleisch“. („Gänsefleisch mal 'n Gofferraum offmachen!“)

Ilga Gäbler

Omas Berufsbekleidung

Welche nehm' ich bloß – die gepunktete, die gestreifte, die mit oder lieber die ohne Arm? Schürzen über Schürzen. Nach Größen geordnet hängen sie im kleinen Laden am Kleiderständer.

Das ist die richtige – die blaue mit den bunten Streublumen. Die passt am besten zu unserer Oma. Die neue Kittelschürze hat sie sich zum Geburtstag gewünscht. Auch mit 82 Jahren hält sie an ihrer traditionellen Berufsbekleidung für Haus, Hof und Garten fest. Oma ohne Kittelschürze – das ist wie Thüringer Klöße ohne Kartoffeln. Eine ordentliche Hausfrau trägt nun mal Schürze. Noch immer habe ich ihre ständigen Mahnungen im Ohr: „Mach endlich eine Schürze um.“ Heute stehe ich im T-Shirt am Herd.

Trotzdem, die gute alte Kittelschürze aus Dederon hat überlebt. Wer jedoch glaubt, sie über große Handelsketten oder Kataloge zu bekommen, der sucht vergebens. Ein Unternehmen, das die Dederon-Kittel heute noch näht, ist Schürzen-Kraus im vogtländischen Treuen. Die Vorzüge des guten, knitterfreien Stückes sind schließlich nicht von der Hausfrauen-Hand zu weisen: rein ins Waschwasser, rauf auf die Leine und anziehen – ohne Bügeleisen-Berührung.

„Mach endlich eine Schürze um."

Vielleicht sollte ich mir ja auch wieder mal eine Dederon-Schürze kaufen. „Jetzt gibt es sie in ganz modischen Farben", sagt Hersteller Martin Kraus aus Treuen. Oma aber werde ich noch einen großen Strauß mit echten Blumen kaufen – den hat sie sich zu ihrer neuen Kittelschürze einfach dazuverdient.

Hammer, Zirkel, Känguru

1990 sollte ein neuer Staatsvertrag mit Australien abgeschlossen werden.
Ab dem Tag der Republik, am 7. Oktober, sollte dann die DDR-Fahne ein zusätzliches Emblem bekommen: ein Känguru.
Es symbolisiert:
„Mit leerem Beutel große Sprünge machen."

Optische Täuschung

Ein Trabi bleibt auf einer sechsspurigen New Yorker Kreuzung stehen. Der Fahrer steigt aus und schaut in den Motorraum. Plötzlich schalten sich rundum Lautsprecher ein: „Der Mann mit dem Rucksack bitte sofort die Kreuzung verlassen!"

Cornelia Bauer

Handarbeit mit Schmerz

Seit fünfzehn Jahren habe er es nicht mehr gemacht, sagt mein Kollege. Anzüglich? Klar, bezogen auf Füße. Speziell auf Strümpfe. Die landeten doch früher im Flickkorb statt im Müllkübel. Fast jeder lernte schon in der Schule das Stopfen. Auch ich. Aber meine ersten Versuche gingen gründlich schief. Statt einer gleichmäßigen, flachen Wabe aus Garn wuchs über meinem Holzpilz ein wulstiger Knubbel. Und das bei Schadstellen, die meist an Ferse oder Sohle klafften. Wie ich es wohl angestellt habe, beim Probetragen der Handarbeitskunst nicht aufzuschreien?

Manche der Jungs, die sich mit uns Mädels beim Handarbeitsunterricht tapfer im Nadelspiel duellierten, stellten sich nicht so an. Wahrscheinlich waren sie einfach nur weitsichtig und hatten schon in der fünften Klasse klare Vorstellungen vom Leiden beim 50-Kilometer-Geländemarsch in schlecht gestopften Armeesocken.

Irgendwann platzte bei mir zum Glück der Knoten. Ich stopfte fortan nicht nur knubbel- und schmerzfrei, sondern strickte sogar Strümpfe. Mit fünf Nadeln und ohne eine einzige Masche fallen zu lassen.

Rustikales Stopfgarn aus Eisfeld

Inzwischen habe ich es ebenso lange nicht mehr getan wie mein Kollege. Der Fünfer-Pack Socken ist preiswerter als eine Rolle Garn. Ich hab zwar noch einen Stopfpilz, aber keinen Flickkorb mehr. Und meine Kinder tragen wegen null Bock auf Stopf-Kurse lieber den Müll raus ...

Kinder, Kinder!

Es ist Parteiversammlung und schon ziemlich spät. Alle sind geschafft. Da steht Meier auf und sagt: „Genossen, ich muss leider gehen und meine Tochter vom Kindergarten abholen." Dasselbe mit Genossen Schneider, Genossin Müller usw. Als sich Genossin Rosenknecht erhebt, staunt der Parteisekretär: „Aber du hast doch gar keine Kinder?" Sie daraufhin: „Ist ja auch kein Wunder, wenn man immer bis spät auf Parteiversammlungen rumhockt. Ich muss nur mal früher nach Hause, um das zu ändern."

MARIO ZETTWITZ

Ätzende Allzweckwaffe

Meine Kompetenz in Sachen Waschmittel beschränkte sich Anfang der 70er-Jahre auf die allmonatliche „Spee"-Hamstertour nach Erfurt. Erst als junger Rekrut lernte ich die ätzende Allzweckwaffe gegen hartnäckigen Schmutz kennen – „IMI" aus Genthin. Die Pulvermischung aus Soda und Tensiden in der 688-Gramm-Packung kostete gerade mal 55 DDR-Pfennig, war aber bestens geeignet, unerfahrene Soldaten zu tyrannisieren. Einmal pro Woche war großes Revierreinigen angesagt. Dazu gehörte auch der 30 Meter lange Flur.

Er war mit fein gerillten Fliesen belegt. Mit geradem Kreuz schritt der Spieß den Flur ab und ließ dabei „IMI" auf die Fliesen schneien. Dann schütteten wir Wasser darauf und schrubbten wie verrückt. Immer wieder verteilte der Spieß das Pulver, bis uns die Augen tränten. Erst als die Fliesen zu trocknen begannen, bemerkten wir die Gemeinheit: In allen Fliesenrillen klebten IMI-Rückstände. So zog sich die Reinigung über den eigentlich freien Nachmittag dahin.

Wohl dosiert, war „IMI" ein durchaus guter Reiniger. 1929 von den Henkel-Werken auf den Markt gebracht, wurde das auch im

Prosit!

Warum durften DDR- und BRD-Bürger nicht gemeinsam Bier trinken? Weil danach beide die gleichen Fahnen gehabt hätten.

Starkreiniger IMI – von Soldaten gehasst

Westen weiterhin hergestellte Produkt erst 1998/99 eingestellt. Für ein Original-DDR-„IMI“ muss der Sammler heute 25 Euro löhnen – zu teuer, um damit Rekruten zu ärgern.

Erbschaft

Jugendtreffen von FDJlern und Jusos.
FDJler: „Wir sind die Erben von Marx und Engels.“
Jusos: „Wir doch auch.“
FDJler: „Aber wir haben das Kommunistische Manifest geerbt.“
Jusos: „Und wir das Kapital.“

Gedachte Linie

„Und am Horizont sehen wir bereits das Morgenrot des Kommunismus."
Fragt Fritzchen zu Hause seinen Vater: „Was ist denn der Horizont?"
Definiert der Vater: „Der Horizont ist eine gedachte Linie, die sich immer weiter nach hinten verschiebt, je mehr man sich ihr nähert."

Ilga Gäbler

Notfalls auf Rezept

Es wird getrunken, was in die Babyflasche kommt. Basta. Drin waren zu DDR-Zeiten zwei Varianten von Säuglingsfertignahrung: Milasan aus Stendal und Ki-Na aus Potsdam. Aber nicht der Geschmack der Kinder entschied darüber, was aus den Fläschchen floss. Einem DDR-Bürger wurde das Leben nach Plan schließlich schon in die Wiege gelegt. Was die Säuglinge in den einzelnen Bezirken zu nuckeln hatten, schrieben die Strategen von oben vor. So wurden die Winzlinge im Bezirk Suhl vorwiegend mit Milasan groß und stark, im benachbarten Erfurt gab's hingegen Ki-Na.

Meine Tochter erblickte im Bezirk Suhl das Licht der Welt. Dennoch war sie ein Ki-Na-Kind. Und ein Frühchen dazu. Ärzte und Schwestern päppelten sie in der Eisenacher Frühgeburtenstation auf. Sie trank Ki-Na – wie in Erfurt üblich. Es kam die erste Reise mit Baby zur Oma nach Leipzig. Auf der Autobahn fiel's mir ein: „Die Ki-Na-Packung steht zu Hause." Leipzig sei doch nicht die autonome Gebirgsrepublik, sondern Großstadt, beruhigte mein Mann: „Da gibt's Ki-Na und Milasan." Puste-

Ki-Na war nicht für alle Babys da

kuchen. Nur Milasan stand in den Regalen. Eine Ernährungsstörung wollten wir nicht riskieren. Die Uniklinik half. Auf Rezept holten wir dort in der Muttermilchsammelstelle täglich ein gefülltes Fläschchen ab.

Mit Geduld und Spucke

Auf dem Postamt reklamiert ein Kunde, dass die Ulbricht-Briefmarken nicht kleben. Sagt der Postbeamte: „Sie dürfen auch nicht vorne draufspucken."

Cindy Heinkel

Hüpft mal wieder!

Elastic-Kordelband oder Schlauch-Elastic – neulich schaute ich in einem Handarbeitsgeschäft nach ganz normalem Schlüpfergummi. Doch Schlüpfergummi, in der früheren DDR liebevoll als Gummi-Litze bezeichnet, gibt es so nicht mehr. Was damals echte Gummi-Litze sein wollte, musste erstens 95 Grad Waschtemperatur vertragen und in der I. Wahl einen Einheitsverkaufspreis von 2,80 Mark für zehn Meter aufweisen. Zweitens musste sie bei uns Kindern ganz schön was aushalten.

Einen dicken Knüppel in ein paar Meter Gummi gezurrt, diente er als Pausenfüller in der Schulzeit, war Straßenspiel in den Ferien und lustiger Zeitvertreib im Urlaub. Doch Hüpfgummi – wie ging das noch mal? Zwei Leute und eine Mülltonne oder auch ein Gartenzaun reichten schon aus, um verschiedene Hüpfkombinationen mit unterschiedlichen Höhen und Schwierigkeitsgraden zu testen. Nicht nur das Koordinieren der Gliedmaßen, auch Geschicklichkeit, Ausdauer, Sprungkraft wurden so spielerisch trainiert.

Heute sieht man die Kinder selten seilspringen, nicht mehr den Ball über die Schnur spielen oder gar den Hüpfgummi auspacken.

Stabü

Welche drei großen Staaten der Welt fingen mit U an?
USA, UdSSR und Unsere DDR.

Gummi-Litze – etwas für den Schlüpfer wie für den Sport

Aber heute ist auch jedes fünfte Kind in Deutschland zu dick, jeder dritte Jugendliche übergewichtig. Deshalb bin ich dafür, dass die gute alte Gummi-Litze wieder unter dieser Bezeichnung in die Läden kommt und Hüpfgummi zur neuen Trendsportart avanciert.

Reim dich!

Auch ohne Gott
und Sonnenschein
fahren wir die Ernte ein.
Und wenn die liebe
Sonne lacht,
hat das die Partei gemacht.

Peter Lauterbach

Geschmackssache

Auf dem Dorf hatte fast jeder seine Kneipe, in die er gegebenenfalls zum Bier ging, aus der er aber auch seinen Bedarf an alkoholfreien Getränken holte. Meine hieß „Grüner Baum“ und besaß einen besonders in den Sommermonaten wunderbar kühlen Bierkeller, den der VEB Getränkekombinat „Rennsteig“ Meiningen, Betriebsteil Schwarzbach, je nach Produktionssituation mit Limo, Cola und Selters füllte, die er in Drittel-Liter-Flaschen zunächst in Holz-, später auch in Plastekisten anzuliefern gedachte.

An Selters (nicht „Wasser“) herrschte selten Mangel. Die heute weit verbreitete Wassertrinkerei lag noch nicht im Trend und war darum nicht vorgesehen im Kombinatsprogramm. Bei Vita-Cola gab es nur zwei Zustände: Da oder nicht da. Und Limo (nicht „Sprudel“ oder „Brause“) war Geschmackssache.

Die vier verfügbaren Geschmacksrichtungen hatten wir Kinder in einer Rankingliste geordnet. Ganz oben stand die grüne Waldmeisterlimo. Aber die wurde ab Ende der Siebzigerjahre wegen angeblicher Krebsgefährlichkeit nicht mehr hergestellt. Also rückte „rote Limo“ auf, die unerklärlicherweise nur weni-

Seufzer

Lieber mit dem Schlauchboot in den Westen als mit dem Traumschiff nach Kuba!

Limonade – verschiedene Geschmacksrichtungen

ge Male im Jahr den Betriebsteil Schwarzbach verließ und bei Vorhandensein zu Hamsterkäufen führte. Gelbe Limo gab es oft, aber die schmeckte nicht und stand ganz unten auf der Liste. Also tranken wir die weiße Variante. Und ob Sie's glauben oder nicht: Gäbe es die heute noch – ich würde all diese Schorlen und Fruchtsaftmixe im Einkaufsmarkt stehen lassen.

Helden

Auf dem Neujahrsempfang der Diplomaten preist Erich Honecker die Bedeutung der wichtigsten Städte der DDR. „Berlin, die Hauptstadt. Leipzig, die Messestadt. Dresden, unsere Heldenstadt."
„Wieso das?", fragt ein Reporter, „Dresden ist doch die Kunststadt."
„Das stimmt schon", meint Erich, „aber auch Heldenstadt. Wir haben sie schon so viele Jahre von der Versorgung abgeschnitten, und die Leute leben immer noch."

Mario Zettwitz

Verformt in der Kantine

Das Schmelzen von Aluminium ist eine energieintensive Angelegenheit und damit eigentlich teuer. Trotzdem war Aluminium in der schwächelnden DDR-Wirtschaft ein Renner und von der Aura des Billigen umgeben. Ich hätte schon deshalb kein Hartgeld daraus gemacht. Mit Bestecken war das schon etwas anders.

Nach dem zehnten Abwasch sahen Gabeln und Löffel zwar mitunter wie mittelalterliche Fundstücke aus. Aber sie ließen sich herrlich den persönlichen Essgewohnheiten anpassen. So war in der Schulküche oder in der Betriebskantine recht oft zu beobachten, wie Kinder und Erwachsene vor dampfenden Tellern saßen und mit gewisser Hingabe das Esswerkzeug zurechtbogen. Währenddessen machte augenzwinkernd die Mär die Runde, der Schweizer Zauberer Uri Geller verwende DDR-Bestecke für seine telepathischen Verformungstricks.

Mitunter hatte man auch Pech, wenn zuvor schon zu viele Mitesser das Werkzeug geformt hatten. Dann brach es entzwei. Pech nur, wenn gerade Andrang in der Kantine herrschte und alle Bestecke in Gebrauch waren. Manch einer brachte deshalb sein

Das dicke Ende

Was war der Unterschied zwischen einer Fuhre Langholz und dem Sozialismus? Bei der Fuhre Langholz kam zuerst das dicke Ende und dann die rote Fahne.

Nahm Uri Geller DDR-Alu-Besteck?

eigenes Besteck von zu Hause mit. In der Schulzeit habe ich das auch getan. Das sei hygienischer, meinte meine Mutter. Für mich war entscheidender, dass man mit einem Stahllöffel viel besser Kirschkerne in Richtung Mädchen-Tisch katapultieren konnte als mit einem Alu-Löffel.

Alt wie ein Baum

Bush, Gorbatschow und Krenz beschließen, sich 50 Jahre lang einfrieren zu lassen.
Als sie aufgetaut werden, besorgt sich jeder eine Zeitung seines Landes. Bush liest die erste Seite und fällt tot um. Drauf stand: „General Motors gewinnt sozialistischen Wettbewerb.“ Gorbatschow geht es nach dem Lesen der ersten Seite ebenso. Schlagzeile: „Erneut Streitigkeiten an der polnisch-chinesischen Grenze“. Krenz liest und stirbt unter Krämpfen – Schlagzeile: „Wir gratulieren unserem Staatsratsvorsitzenden Erich Honecker zum 130. Geburtstag!“

Jens Wenzel

Der Gipfel

Ein kleines Land strebte nach der Weltspitze. Im Sport, bei der Begeisterung über die eigenen technischen Erfolge – und dem, was man Konsumgüter nannte. Zum Beispiel 125 Gramm Mokka-Fix Gold für schlappe 8,75 Mark. Ein Viertelpfund! Macht 35 Mark fürs ganze Pfund, so, wie wir heute die vakuumverpackten Ziegelsteine im Supermarkt-Regal kennen. Was haben wir damals geulkt: „Jacobs ist die Krönung und Rondo ist der Gipfel." Zumindest im Preis hat das gestimmt.

Ich erinnere mich noch, als die goldenen Beutel mit dem gemahlenen Kaffee in den Handel kamen – es muss Ende der 70er-, Anfang der 80er-Jahre gewesen sein: Plötzlich gab es gar keinen „Rondo Melange" in ganzen Bohnen mehr, bei dem wir uns schon mal die Mühe gemacht hatten, die schlechten Kaffeebohnen vor dem Mahlen auszusortieren. Zu den neuen Sorten gehörte auch der „Kaffee-Mix", eine offenbar verhängnisvolle Mischung, die dazu führen konnte, dass man in der Gaststätte zu hören bekam: „Kaffee haben wir nicht, die Maschine ist kaputt." Trinken konnte man dieses Gebräu ohnehin nicht.

Verhütung

Die Pille wird nun abgeschafft, Kaffee-Mix hat gleiche Kraft.

Für Mokka-Fix Gold musste man tief in die Tasche langen

Eine Wirkung von Mokka-Fix Gold ist indes nicht zu unterschätzen: Solch ein Tütchen wurde in den Büros, Verkaufsstellen oder anderen Einrichtungen zur Unterstützung eines Anliegens durchaus gern genommen. Im Vergleich zu den heute üblichen Bestechungsgeldern (in Westgeld!) ist der Kaffeepreis ja doch spottbillig.

Für den Hobbygärtner

Kaffee-Mix ist zu verwenden,
soll das Unkraut schnell
verenden.

Durchschlag

Warum gab es in der DDR auch zweilagiges Toiletten-papier? Weil jedes A-Loch einen Durchschlag brauchte.

Volker Kring

Seltener aufs Örtchen

„An meine Haut lasse ich nur Wasser und CD.“ Wie oft habe ich als kleiner DDR-Bürger in der plattenbauwohnungseigenen Keramikabteilung neidvoll an diesen Werbespruch aus dem Westfernsehen gedacht. Ja, das wäre es gewesen, der zarten Jungpionierhaut nur mit weichem, warmem Wasser und einer wahrscheinlich irgendwie nach großer weiter Welt duftenden Seife zu schmeicheln. Auch Hackle feucht ließ mich von daunenweichen Wattewelten träumen.

Hart das Erwachen dann, wenn ich nach links hinten, neben den hochgeklappten Toilettendeckel griff. Aus einem fahlgrünen Plaste-Rollenhalter ragte dort das graue Grauen – das DDR-typische Klopapier.

Ein Papier mit einer Struktur, mit der andernorts Heimwerker ihre Bohrmaschinen bespannten, um Fensterbänke und Garagentore von alter Farbe zu befreien. Hart, rau und mitunter mit eingeschlossenen Holzstückchen oder Zeitungsfetzen versehen, zählte ich das Toilettenpapier zu den Folterwerkzeugen. Wehe, wenn einem ein Durchfall ereilte.

Toilettenpapier – das kalte Grauen

Ja, ich habe es aus tiefster Seele gehasst, das DDR-Klopapier. Deshalb ging ich so selten wie möglich auf die Toilette. Für sich später einstellende Verdauungsprobleme mache ich bis heute das unsägliche Zelluloseprodukt verantwortlich. Zum mahnenden Gedenken und zu Anschauungszwecken steht übrigens noch immer eine Rolle DDR-Papier bei mir zu Hause auf der Toilette.

Der Feind schlief nie

Die Stasi stellt fest, ein Klassenfeind ist im VEB-Betrieb, aber wer ist es? IM Wächter wird mit Suchzettel beauftragt, ihn ausfindig zu machen. Am Montagabend nach der Parteiversammlung meldet er: „Der Klassenfeind ist Genosse Meier."
„Wie hast du das ermittelt?"
„Ja, wir haben gelernt, der Klassenfeind schläft nie, und er war der einzige, der beim Referat des Parteisekretärs nicht geschlafen hat."

Gerd Schwinger

Bestellt und nicht abgeholt

Ich suchte etwas und fingerte in alten Unterlagen herum. Zwischen vergilbten Handwerkerrechnungen und der Quittung für meinen ersten 386er traf ich unvermittelt auf die Vergangenheit. Es war nur ein kleiner, unscheinbarer Zettel, aber was für einer! Er trägt das Datum vom 8. September 1981, und weil das schon fast ein Vierteljahrhundert her ist, müsste ich längst dran gewesen sein. Doch Eisenach hat sich nicht gemeldet.

Vielleicht trage ich die Schuld, denn auf der Rückseite heißt es klar und deutlich: „Veränderungen des Namens und der Wohnanschrift sind schriftlich der Fachfiliale/Verkaufsbüro mitzuteilen, sonst erlischt die Bestellung.“ Weil ich schon zu DDR-Zeiten mehrfach umgezogen bin, hätte es sein können, dass sie mich rausgeschmissen haben aus der Warteliste. Falls nicht, hätte Eisenach ja wenigstens 1990 reagieren können, als es abgewickelt wurde. Sie hätten um Verständnis bitten können, vielleicht so: „Lieber Kunde, die Revolution war schneller als wir, die Wartezeit auf Ihren Pkw erhöht sich daher von 18 Jahren auf unendlich. Sorry!“ Eisenach aber schwieg. Vielleicht waren die Autobauer zu sehr mit sich selbst beschäftigt, wie wir alle in jener Zeit. Ich aber sitze nun da mit meiner Bestätigung, die mir bescheinigt, vor langer Zeit einen Pkw Wartburg (Limousine) bestellt zu haben. In der DDR wäre sie in diesem vorgerückten Stadium schier unbezahlbar gewesen, außer vielleicht für meinen Blockfreund, den Handwerksmeister. Aber heutzutage?

Auf Wartburg-Niveau habe ich es leider nie geschafft. Mein erstes Auto war ein Trabant, der sieben Jahre und 90000 Kilometer auf dem Buckel hatte. Bekommen hatte ich ihn günstig, aber für den kompletten Neuaufbau der Karosserie musste ich beim Handwerksmeister, meinem Blockfreund, noch mal fast den Neupreis auf den Tisch legen. Gegrämt hat mich diese Ausgabe nicht, denn wie wir alle war auch ich kein Hellseher, der hätte einberechnen können, dass anderthalb Jahre später im Leben wie auf dem Automarkt eine Revolution stattfinden würde. Stattdessen entwickelte ich ein sehr persönliches Verhältnis zu meiner Rennpappe, auch weil man nicht wegen jeder Kleinigkeit in die Werkstatt rennen konnte, und mit einem Termin war es ja sowieso schwer. Im Vergaser-Ein- und -Ausbauen war ich zum Schluss ziemlich gut. Auch die durchgefaulte Auspuff-Aufhängung konnte ich allein erneuern. Wer das Ersatzteil nicht hatte, nahm ein Stück von diesem groben, orangefarbigen Absperrband, das es vor allem zum 1. Mai reichlich gab. Nur beim Wechseln von Zylinderkopfdichtungen musste mir mein Kollege helfen. Ein paar habe ich noch heute in Reserve.

18 Jahre Wartezeit

Mein Verhältnis zu meinem Trabanten durchlief mehrere Stadien: heiße Liebe, Euphorie, Ernüchterung, Reparaturärger, Scheidungsgedanken. Aber wir haben uns immer wieder zusammengerauft. Zum Schluss begegneten wir uns voller Respekt und mit gegenseitiger Rücksichtnahme. Wann immer ich am Steuer saß, hörte mein Unterbewusstsein in die Seele meines treuen Gefährts hinein. Das Programm lief in mir ab wie ein permanenter Virenscanner auf dem Computer; jedes noch so kleine Geräusch wurde daraufhin überprüft, ob es zum normalen Klappern gehörte oder ob sich eine Ausfallerscheinung ankündigte. Mein Trabi wiederum dankte es mir, indem er mich zumindest auf sämtlichen langen Fahrten in Ruhe ließ. Nie stand ich mit aufgeklappter Kühlerhaube am Seitenstreifen der Autobahn, und ich glaube, damit einer Minderheit anzugehören.

Es ist seltsam: Selbst nach jahrelanger Abstinenz könnte mich heute jemand aus dem Tiefschlaf wecken und an ein Trabi-Steuer setzen. Ich wüsste, dass ich zuerst den Benzinhahn aufdrehen müsste (vor dem Anschnallen, sonst kam man nicht mehr hin!). Dann den Schock ziehen, kein oder nur wenig Gas geben, zünden. Ich könnte schlafwandelnd durch die Gegend fahren, wenn das nicht verboten wäre, und würde die Gänge finden und auch sonst alles. Ich habe mich gefragt, woran das liegt. Natürlich hat es, wie ich glaube, damit zu tun, dass man früher die Autos nicht wie die Unterhemden wechselte und auch sonst die eher verhaltene Innovationsbereitschaft der Autokonstrukteure dafür sorgte, dass jeder Schalter jahrzehntelang dort blieb, wo er eben war. Kein Wunder, dass sich das im Unterbewusstsein festsetzt.

Aber das ist nicht die ganze Wahrheit. Es muss eine Begründung geben für eine Schere, die sich beim Auto mehr als bei anderen Dingen des täglichen Bedarfs auftut. Mal ehrlich, es gab doch kaum ein Konsumgut, über das wir uns so ärgern konnten wie über unseren Trabi, und zwar zu Recht! Trotz allen Fleißes der mit der Herstellung betrauten Werktätigen – es waren vierrädrige Mutanten, die der Entwicklung auf dem Weltmarkt gnadenlos hinterherfuhren. Und wir wussten das. Trotzdem kommen wir nicht umhin uns einzugestehen, dass wir an den Dingern bis heute hängen wie die Kletten. Längst haben wir bereut, uns vorschnell getrennt zu haben von den guten alten Stücken. Wie wäre es doch schön, wenn wir einen sauber hergerichteten 601er in der Zweitgarage stehen hätten und am Sonntagnachmittag mit Mutti ein bisschen durch die Gegend knattern könnten! Doch daraus wird nichts mehr.

Keine rechtzeitige Auslieferung wg. Revolution

Ein Glück.

Denn so viel steht fest: Wir leiden nicht an Bewusstseinsspaltung. Wir sind nicht Jekyll und Hyde. Der heutige Wert des Trabanten besteht nicht in seinem Besitz, sondern in der Erinnerung an ihn. Es ist ein ausschließlich ideeller Wert. Es sind solche banalen Sachen, die uns darauf stoßen, dass wir mit der Abkehr von Trabi und Wartburg oft auch unsere Biografien versenkt haben – dorthin, wo sie sanft ruhen sollten, was sie nicht taten, weil sich andere ihrer Interpretation annahmen. Wir haben den Wartburg und uns selbst gewissermaßen zu den Akten gelegt und wundern uns, wenn inkompetente Fernsehmacher heute in Ostalgie-Shows unser Leben in Szene setzen. Mit der Vergangenheit ist es so eine Sache: Man kann sie weder verlieren noch verlassen. Wir aber hatten es allzu eilig, den Mantel der Geschichte abzustreifen. Wir stiegen aus dem Trabi aus und in den Golf ein. Alles war besser, aber nichts war gut.

Der Trabant ist ein Teil von uns, das haben wir mittlerweile akzeptiert. Trotzig sagen wir, dass wir uns für die Pappe nicht schämen müssen, als ob sich ein Franzose jemals geschämt hätte, einen Renault oder Peugeot oder Citroen gefahren zu sein. Daran sieht man: Noch immer ist unser Selbstbewusstsein angeknackst. Wir können das ändern, wenn wir uns erinnern. Erinnern ist nicht nur zulässig, sondern notwendig. Vielleicht sollten wir das zunächst außerhalb des Fernsehens tun, jedenfalls außerhalb von dummen Nummernprogrammen. Dann stünden wir nicht unter dem Druck, Trabant oder Wartburg gutlügen zu müssen. Dann könnten wir einfachen sagen: „Weißt du noch ...“ Und uns unsere Geschichte(n) erzählen.

So gesehen ist mir schon klar, was meine Wartburg-Bestellung heute noch wert ist – nämlich sehr viel, auch wenn man es nicht greifen oder anfassen kann. Dass sich Eisenach bei mir nicht mehr gemeldet hat, ärgert mich trotzdem. Darum habe ich mich vor kurzem in Eisenach gemeldet. Bei Herrn Scholz, dem Pressesprecher. Es entspann sich folgender Dialog:

„Guten Tag, ich habe hier meine Wartburg-Bestellung von 1981. Warum haben Sie mir nicht mitgeteilt, dass Sie nicht liefern?“

„Ich fürchte, wir sind nicht zuständig.“

„Aber Sie sind doch die Nachfolgeorganisation der Wartburg-Werke?“

„Eigentlich ja, 80 Prozent unserer Belegschaft hat früher Wartburg gebaut. Aber juristisch sind wir nicht der Nachfolger.“

„Was können Sie mir anbieten, als vergleichbares Modell?“

„Nehmen Sie einen Opel! In Eisenach bauen wir allerdings nur Corsa, der ist kleiner als ein Wartburg.“

„Schade. Und ich dachte, Ihre Produkte können es aufnehmen mit den alten Dingern!“

„Kleiner heißt ja nicht schlechter.“

„Gut, ich überlege es mir.“

Ich bin Herrn Scholz und Opel zu großem Dank verpflichtet. Es gibt eine marktwirtschaftliche Alternative zum Wartburg. Wir sehen: Es ist halt nicht alles schlecht, heutzutage.

Wartburg

Das hätte er sein können: Wartburg 353

Cornelia Bauer

Kraftvolle Briefe

Zugegeben, beim Kauf habe ich mich mehr von ihrem orangefarbigen Outfit leiten lassen als von der Funktionalität. Trotzdem, sie war flach, leicht, ohne technischen Schnickschnack und in den studentischen Rucksack passend – praktisch eben: meine erste eigene Robotron-Reiseschreibmaschine.

Voller Stolz auf das mehr als ein Stipendium kostende Teil war es mir egal, wie laut und hart der Anschlag war. Nach jeder zehnten darauf getippten Diplomarbeits-Seite hingen ein paar Buchstabentypen quer. Nach 70 Seiten hatte sich das Farbband verwurstelt. Nach 130 Seiten kurierte ich die angehende Sehnenscheidenentzündung aus. Ich fand die Schreibmaschine dennoch schön.

Briefe schrieb man doch darauf nicht nur mit Kraft, sondern in gewisser Weise auch mit Herz. Trotz des gleichmäßigen Schriftbildes hatte jede dieser Schreibmaschinen ihre persönliche Note und ließ am mehr oder weniger verklebten A, E und besonders O erkennen, wie pfleglich ihr Besitzer damit umging.

Und heute? Beim Internet-Auktionshaus ebay sind die Versandkosten meist höher als der Preis für das gute Stück. An leicht-

Pferde-Stärken

Was war der Trabi 16 V?
Vier Ventile an jedem Reifen!

Reiseschreibmaschine – einfach, praktisch, rustikal

fingrig dahingeschriebenen Mails erkennt kein Mensch mehr, wie verkeimt die Computertastatur des Absenders ist. Zwar mache ich schon mal die Tür zu, wenn mein Sohn spaßeshalber auf der Robotron herumhackt – das ist mir zu laut. Aber ich finde sie immer noch schön. Farblich passt sie so gut in meine Wohnung ...

Schiebung

Warum hatten einige Trabis eine heizbare Heckscheibe? Damit man beim Schieben warme Hände hatte.

Ballaststoffe

Die Baustelle „Palast der Republik" wurde auf Kosten vieler anderer Vorhaben vordringlich mit Baumaterial versorgt. Somit nannten ihn die Sachsen den „Ballast der Republik".

MARIO ZETTWITZ

Süßer Eigenversuch

Einen großen Teil seines sozialistischen Lebens war der DDR-Bürger auf der Jagd, zum Beispiel nach Fliesen, Badewannen, Autoersatzteilen oder – Pflaumenmus aus Mühlhausen. Doch der süße Brotaufstrich machte sich in den Regalen sehr rar. Vielleicht lag es daran, dass die Begehrlichkeit in dem Maße zunahm, je tiefer sich die Verkäuferin nach dem Mus unter den Ladentisch bücken musste. Andererseits mangelte es an Thüringer Pflaumen, selbst heute noch. Deshalb dürfen mit ministeriellem Segen in der Mühlhäuser Pflaumenmus GmbH auch fremde Pflaumen verwendet werden. Täglich erhalten heute 40 000 Mus-Gläser ein freistaatliches Qualitätssiegel-Prädikat.

Dem Mus-Mangel versuchte ich damals mit eigenen Kochkünsten zu begegnen. Als hinterm Haus der Pflaumenbaum unter seiner fruchtigen Last bald zusammenbrach, entschloss ich mich zur Eigenproduktion. Das war aufwendig. Die gewaschenen und geviertelten Pflaumen brodelten gut drei Stunden im Backofen. Genauso lange dauerte auch die Reinigung des Herdes. Nach dem Passieren, Durchsieben und Abschmecken war ich zufrieden.

Pflaumiges Sozialis-Mus aus Mühlhausen

Na ja, an den einzigartigen Mühlhäuser Gaumenkitzel kam ich nicht ganz ran. Was zählte, war der heute von Jüngeren kaum noch nachzuvollziehende Stolz auf die eigene Kreation.

Kunst

Ein Meister, ein Künstler und ein Betriebsdirektor aus der DDR sind gestorben.
Der Meister kommt in den Himmel, er hatte bereits die Hölle auf Erden.
Der Künstler kommt in die Hölle, er hatte bereits den Himmel auf Erden.
Wird der Betriebsdirektor gefragt, wie lange er den Betrieb geleitet hat.
Sagt er: „Über 25 Jahre".
„Dann warst du auch ein Künstler und musst in die Hölle!"

Nicht übertragbar

War es Arbeit oder Vergnügen, wenn der Generaldirektor seiner Sekretärin den BH öffnete?
Eindeutig Vergnügen! Denn wenn es Arbeit gewesen wäre, hätte er das seinem Stellvertreter übertragen.

GERD SCHWINGER

Stiefel-Kontrolle

Mein Spieß war, wie man sich einen deutschen Spieß vorstellt: klein von Wuchs, dafür mit großem Bauch- und noch mächtigerem Stimmumfang. Wenn die Kompanie auf dem Ex-Platz angetreten war und der Spieß Kontrolle Anzugsordnung machte, waren die Stiefel sein bevorzugtes Objekt. Sie mussten nicht nur glänzen. Besonderen Wert legte der Spieß darauf, dass selbst die Sohle glatt gewichst war, und zwar auf der Fläche zwischen Absatz und Ballen, womit man im Normalfall gar nicht auftritt. Der Rekrut musste eine Kehrtwendung machen, das Bein anwinkeln und sah daher nicht wie ein Landser, sondern wie ein Storch aus, wenn der Spieß diese Kontrolle vornahm, um mindestens die Hälfte der Truppe zum Nachputzen zurück auf die Kompanie zu expedieren.

Ich weiß nicht, wie viel Dosen dieser schwarzen Schuhcreme mit dem klangvollen Namen „wittol“ ich allein in der Grundausbildung aufgebraucht habe. Von anderthalb Jahren Wehrdienst rede ich gar nicht. Ich weiß nur, dass sie mir zu einem derart treuen Begleiter wurde – auch wegen der beruhigenden Aufschrift „Wenig gesundheitsschädigend“ –, dass ich selbst heute nicht auf

Schuhcreme schwarz

Tuben mit Hochglanzcreme und integriertem Schmierstutzen zurückgreifen möchte. Ich putze aus der Dose. Selbstverständlich achte ich auch heute darauf, dass der sensible Bereich der Sohle nicht vergessen wird. Falls der Spieß doch noch mal kontrolliert. Man weiß ja nie.

Theorie und Praxis

Worin bestand der Unterschied zwischen Marx und Murks? Marx war Theorie!

RALF BRÜCKNER

Pyramiden aus Kohl

In den späten 80er-Jahren ist mir mal eine Anekdote aus dem „Inner Circle" der Suhler SED hinterbracht worden. Danach habe der damalige Kreisparteichef gefordert, dass Suhl als Bezirksstadt doch auch eine Markthalle haben müsse. Angesichts des zu jener Zeit höchst überschaubaren Gemüseangebotes natürlich ein recht anachronistischer Wunsch, weshalb der Oberbürgermeister hinterher im kleinen Kreis gewitzelt habe, man müsse diese Markthalle dann aber mit zwei Eingängen projektieren: den einen fürs Weißkraut und den anderen fürs Rotkraut ...

Tatsächlich bildeten beide Kohlsorten die absoluten Standardwerte auf der schmalbrüstigen Gemüsepalette der WtB-Verkaufsstellen (Waren täglicher Bedarf) sowie der Betriebs- und Schulküchen. Das wiederum ließ deren ebenfalls allgegenwärtige Konserven-Varianten nicht unbedingt zu Verkaufsschlagern avancieren, mochten die Gläser und Büchsen in den Kaufhallen auch noch so kunstvoll zu Pyramiden geschichtet gewesen sein. Der Kunde lugte nach anderem aus und wusste sich zu orientieren: Wenn irgendwo ein Schild mit der Aufschrift „Bitte nur einen Artikel entnehmen!"

Grünzeug

Warum sollte in jedem Gemüsegeschäft ein Polizist stehen? Damit wenigstens etwas Grünes im Laden war.

Rotkohl-Konserven: Bitte nur eine nehmen!

auftauchte, hatte die zugehörige Ware Seltenheitswert. Mit diesem Hinweis sollten Hamsterkäufe verhindert werden.

Zu meiner Studentenzeit hatten sich Kommilitonen mal den Jux gemacht, ein solches Schild aus dem Weinregal wegzunehmen und auf die Rotkrautkonserven-Langzeitpyramide zu stellen. Die war am Abend prompt bis auf ihre Grundmauern geschrumpft.

Der gute Onkel

Honecker will bei den Bürgern erkunden, wie beliebt er denn nun ist.
Er besucht also eine Hochhaussiedlung und klingelt an einer Tür.
Ein kleines Mädchen öffnet:
„Wer bist du denn, Onkel?"
„Ich, meine Kleine, bin der Mann, der dafür sorgt, dass es euch gut geht. Ich sorge für Essen und Wohnung..."
„Mami, Mami, komm mal ganz schnell, Onkel Peter aus München ist da!"

Neue Möbel

Woran merkte man, dass die Stasi Robotron-Wanzen bei einem einsetzte? Man hatte plötzlich einen neuen Schrank im Zimmer und ein Trafohäuschen vor der Tür.

Jens Voigt

Blues im Schuh

Keine Kleidungsstandards in der DDR? Von wegen. Wer, wie ich, der blueshardrockenden Bisschen-anders-Fraktion angehören wollte, benötigte zur Anerkennung in den samstäglichen Bob-Dylan-Tempelfeiern drei Dinge: Jeans, möglichst Levis oder Latzhose, Fleischerhemd und Tramper.

Bei letzteren handelte es sich um Schuhe, die eigentlich keine waren. Dünnes Wildleder bis über die Knöchel, dazu Gummisohlen, durch die selbst Kiesel unter drei Millimeter mühelos fühlbar wurden. In den Botten wurde man umgehend zum Schleichwandler, wirklich laufen oder lange stehen auf hartem Grund konnte man nicht.

Das Fleischerhemd ward mir nie vergönnt, Levis auch nicht. Ich färbte weiße Maler-Latzhosen zu szenetauglichem Beinkleid. Damit lief ich eines Abends durch Berlin und ließ mich erwischen – als Statist für „Sieben Sommersprossen“. Es war der Streifen, da erstmals nackerte DDR-Jugendliche liebend im Grase abgefilmt wurden, aber das erfuhr ich erst viel später. Hinter zwei Jungmüttern mit blauem Kinderwagen latschte ich die drei nächsten

Freizeitschuh Tramp – was für die Bisschen-anders-Fraktion

Abende durch einen Berliner Park und bekam dafür jeweils 25 Mark. Die wandelte ich in ebenjene Tramper um, die es in der Hauptstadt, jedenfalls an diesem Tage, so selbstverständlich gab, wie sie ebenso normal im restlichen Lande unerwerblich waren. Hole ich sie heute aus dem Schrank, rieche ich „Queen" in Budapest, „Engerling", Stefan Diestelmann, Hansi Biebl und den Staub von Bruce Springsteen in Weißensee.

Gefährliche Schimpferei

Ein DDR-Bürger geht spät in der Nacht durch Ostberlin und ruft lauten Halses immer wieder: „Scheißstaat, Scheißregierung!"
Plötzlich taucht ein Stasioffizier auf und verhaftet ihn. Der Mann verteidigt sich und sagt: „Ich habe ja gar nicht gesagt, welchen Scheißstaat und welche Scheißregierung ich meine."
Der Stasioffizier denkt kurz nach und lässt den Mann gehen. Doch zwei Minuten später wird er von dem Stasioffizier erneut verhaftet.
„Wieso?", fragt der Mann.
Darauf der Stasimensch: „Es gibt nur einen Scheißstaat und eine Scheißregierung..."

Erdkunde

Was waren die geografischen Besonderheiten der DDR? Es handelte sich um ein Flachland mit Engpässen.

CORNELIA BAUER

Passend zum Kittel

Meine Oma hat sie gesammelt. Ich habe sie gehasst. Sie waren grell oder dezent bunt, geblümt, gestreift, kariert, passend zum Kleid oder Kittel. Wenn ich mit ihnen einkaufen musste, schämte ich mich. Dabei hatte sie doch jeder – Dederon-Beutel.

Gekauft haben wir nie welche. Trotzdem hingen sie zu Dutzenden an der Flurgarderobe. Wenn sich nämlich meine Oma mal von einer ihrer unzähligen Kittelschürzen trennte, nähte sie Beutel daraus. Ausgehalten haben die Hamsterbeutel ja einiges. Sie waren reißfest, leicht zu reinigen, schnell trocknend und keine Motte traute sich an sie heran. Sie trugen 10 bis 15 Flaschen Bier oder zentnerweise Kartoffeln. Wenn was riss, dann höchstens die Henkel. Deren schmerzhaftes Einschneiden in den Fingern begegnete der findige Beutelträger mit einer Verstärkung aus durchsichtigen Benzinschläuchen. Die De-luxe-Variante wurde durch ein innen hängendes Geldtäschchen mit Druckknopf geadelt.

Und heute? Die Kittelschürze ist wieder in, eine Renaissance des unverwüstlichen Beutels damit fast sicher. Nur, wie heißt der dann? 1952 wurde der zunächst gesamtdeutsche Name „Perlon“

Der Dederonbeutel war unverwüstlich

als westdeutsche Erfindung geschützt. 1959 reagierte die DDR darauf mit dem staatstragenden Namen „DeDeRon". Also einheitsdeutsch Perlonbeutel?

Ätsch!

Stehen je ein kleiner Junge auf westlicher und auf östlicher Seite an der Grenze. Der im Westen isst eine Banane. Der aus dem Osten guckt ein wenig traurig.
Der aus dem Westen: „Ätsch, ich habe eine Banane!"
Der aus dem Osten: „Ätsch, wir haben den Sozialismus!"
Der aus dem Westen: „Ätsch, wir haben auch bald den Sozialismus!"
Der aus dem Osten: „Hahaha, dann habt ihr aber keine Bananen mehr…"

Mario Zettwitz

Berstender Ballaststoff

Wenn es etwas in der DDR gab, was trockener als alle Theorien des Marxismus-Leninismus war, so traf das wohl auf das Burger Knäckebrot zu. Da ich mir auch ohne Fastfood-Verlockung keinen Kopf um gesunde Ernährung machte, mied ich tunlichst das Roggenfladenbrot aus Burg bei Magdeburg. Jeder Versuch, das graue Rechteck mit der üblichen wasserharten Butter zu bestreichen, endete nämlich mit einem staubenden Bersten. Das war echt belastend und festigte eine Zeitlang bei mir die Überzeugung, dass deshalb jenes Knäckebrot skandinavischen Ursprungs ein Ballaststoff sei.

Meine jugendliche Leichtlebigkeit brachte das Burger Knäcke aber nicht in die Bredouille. In den 80er-Jahren verließen den VEB Burger Knäcke-Werke jährlich 40 Millionen Packungen Knäckebrot. Firmengründer Dr. Wilhelm Kraft, ein Ernährungswissenschaftler, wäre bestimmt baff gewesen. Er hatte 1927 in Berlin die „Ersten Deutschen Knäckebrotwerke" gegründet und die Firma 1931 nach Burg verlegt.

Heute sind die 120 Mitarbeiter der Burger Knäcke GmbH die roggende Brot-Nummer eins zwischen Rügen und Rhön und die

Angebot

Tausche Traumreise in die Sowjetunion gegen Trampelpfad in den Westen!

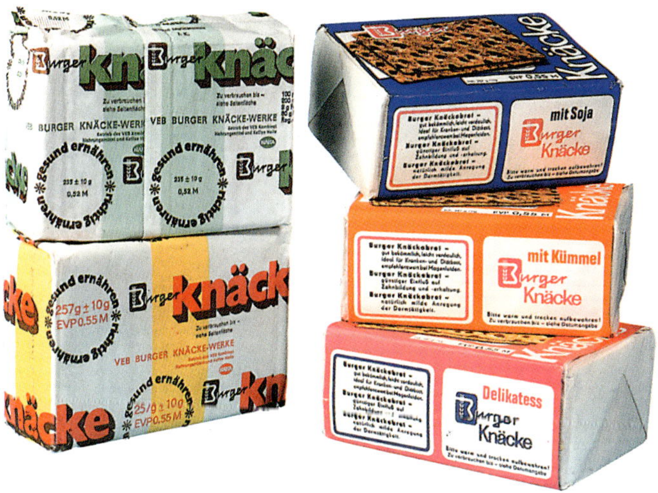

Trockene Belastung mit Burger Knäcke

Nummer zwei republikweit. Kein Wunder: Jetzt endlich habe ich den Bogen raus, die ernährungsphysiologisch wertvolle Unterlage bruchfrei zu schmieren.

Ersatzteil-wirtschaft

Häschen in der Autowerkstatt: „Hattu Ersatzteile für Trabant?" – „Nein."
Es kommt jeden Tag mit der gleichen Frage und bekommt die gleiche Antwort, bis der Meister sagt: „Wenn du noch mal kommst, schnappe ich dich bei den Ohren und nagele dich an die Wand."
Das passiert am nächsten Tag. Häschen hängt an der Wand.
Ihm gegenüber hängt ein Honecker-Bild. Fragt traurig das Häschen: „Hattu auch nach Ersatzteilen gefragt?"

Peter Lauterbach

Schmierstoff literweise

Wer behauptet, die DDR sei eine reine Mangelgesellschaft gewesen, hat wahrscheinlich nie ein IFA-Fachgeschäft, eine Tankstelle oder eine BHG besucht. Dort mangelte es an vielem, nicht aber am Feinmechaniköl „Ura-Mol F 25“. Man verkaufte es in Literflaschen. Meistens nur in Literflaschen. Was ein bisschen problematisch war. Denn ich besaß ein Fahrrad, Marke „Diamant“, 26er-Radgröße, Farbe Russischgrün. Es war ein schönes Fahrrad. Und hatte wie die allermeisten Fahrräder der Marke „Diamant“ eine Felge mit integriertem Rücktritt. Man erkennt diesen an einem kleinen Nippel an der Nabe. Wenn ich den steilen Feldweg von der Kirche auf dem Berg in meinen Heimatort ins Tal hinuntergebremst war, tat ich gut daran, den Rücktritt mit „Ura-Mol F 25“ zu versorgen.

Ich benutzte einen handelsüblichen Kunststoff-Trichter, mit dem ich ein handelsübliches Kunststoff-Kännchen auffüllte, dessen Spitze in den Nippel passte. Bei dieser Gelegenheit saugte sich auch die Garagenwerkbank voll. Man sieht die Flecken noch heute. Wie auch das restliche Öl auf der Fensterbank. Ich glaube, ich habe in meiner Jugend nicht einmal eine einzige Flasche verbraucht.

Ura-Mol F 25 gab's nur selten in kleinen Flaschen

Aber die Aussicht, dass ich unendlich viel hätte verbrauchen können, wenn ich nur gewollt hätte, beruhigte mich. Die DDR war eben doch keine Mangelgesellschaft. Zumindest, was Feinmechaniköl betrifft.

Auf den Hund gekommen

Treffen sich drei Hunde aus der Sowjetunion, Polen und der DDR. Sofort fängt der Sowjethund an zu schwärmen: „Also, bei uns läuft jetzt alles nur noch bestens, Briderchen. Seit diesem Gorbatschow, also Perestroika, Glasnost und so, alles gut. Auch für uns einfache Hunde. Wir brauchen nur noch bellen, schon kriegen wir ein Stick Fleisch."

Der polnische Hund kriegt große Augen: „Bitteschеen, was ist ‚Fleisch'?"

Der DDR-Hund dreht sich links um, schaut nach rechts, noch einmal nach links und flüstert: „Bitte, was ist ‚Bellen'?"

Beim Friseur

„Das Rasieren bei Ihnen kostet seit der Wende deutlich mehr." – „Na klar, die Gesichter sind ja auch länger geworden."

Jens Wenzel

Wie ein Iltis

Irgendwann kommt im Leben eines jungen Mannes der Tag, an dem er sich entscheiden muss: Nass- oder Elektrorasur? Damals war ich der klassische Elektro-Typ. Für das bisschen frühen Flaum auf der Oberlippe reichte das Modell „Bebo" voll und ganz. Und im Gegensatz zu anderen Altersgefährten waren mir solch heftige Pickelattacken erspart geblieben, dass ich die berühmte Wirkung von „Tüff" zum Desinfizieren der Akne-Pusteln bis dato auch nicht kannte.

Nur während der Armeezeit blieb mir keine andere Wahl, im vorgeschriebenen Marschgepäck war nichts mit einem Elektrorasierer anzufangen. Also benötigte ich auch Rasierwasser – so kam es zu meiner ersten Begegnung mit „Tüff". Für mich verbindet sich damit also alles andere als der Duft der Freiheit. „Tüff" – vielmehr der Einheitsgeruch für eine Horde uniformierter Männer? Mitnichten. Im Vergleich mit der restlichen Duftwelt des DDR-Mannes – sofern dieser nicht über Intershop und Exquisit einen Zugang zu westlichen After-Shaves hatte – schnitt „Tüff" nämlich gar nicht so schlecht ab.

Tüff-Rasierwasser wäre durch den TÜV gekommen

Mit dieser Einsicht verbunden ist übrigens auch die Erkenntnis, warum die „Erste Allgemeine Verunsicherung“ im „Ma-Ma-Ma-Märchenprinz“ folgende Zeile singt: „ ... eingehüllt in eine Wolke Pitralon (gab’s nämlich im Konsum auch – d. A.), weil es bei den Mädels tilt is ... wenn man riecht ... als wie ein Iltis.“

Dialog in der Schlange

Erich Honecker auf dem Alex, sieht eine Riesenschlange von Leuten und denkt sich: „Stellst dich mal an und schaust, was es gibt.“ Nach einer kleinen Weile dreht sich der vor ihm Stehende um, stutzt kurz und geht. Nach 5 Minuten mit dem nächsten Vordermann das Gleiche: Er dreht sich um, sieht Erich, überlegt kurz und geht. So geht das eine Weile und Erich fragt den Nächsten, als der sich umdreht und gerade gehen will: „Sag mal, wonach steht ihr hier eigentlich an?“ – „Eigentlich stehen wir nach Ausreiseanträgen an, aber wenn du auch einen willst, brauchen wir ja keinen.“

Mario Zettwitz

Kussfrische Politur

Als Kind war ich Stammgast beim Zahnarzt, obwohl ich fleißig meine Beißer putzte. Aber offenbar nicht richtig. Dabei stand es ja auf der Alu-Tube: „Rot-Weiß“, hergestellt im VEB Elbe-Chemie Dresden. Heute weiß ich, dass die so genannten „Rot-Weiß-Technik“ eine „modifizierte Stillman-Technik“ ist. Die Zahnbürste wird senkrecht auf den Zahn gesetzt und mit leichtem Druck vom Zahnfleischrand zur Kaufläche geführt, wobei sie um ihre Längsachse gedreht wird.

„Rot-Weiß“ war nicht nur zum Putzen gut. Im Ferienlager wurden damit Türklinken eingeschmiert, um andere zu ärgern. Das war „sauberer“ als schwarze Schuhcreme. Oder man verzierte damit kunstvoll das Gesicht eines Schlafenden. Und bevor man zum Mädchen-Anbaggern auf die Disco ging, ließ man etwas „Rot-Weiß“ den Rachen hinunterschlängeln. Mann, war das eine Kussfrische.

Das Licht der Welt erblickte die Mutter meiner Beißer-Politur 1907 auf dem Dachboden der Dresdner Löwen-Apotheke. Apotheker Ottomar Heinsius von Mayenburg taufte seine Entwicklung

Missverhältnis

Was bedeutet die Bezeichnung „601“ auf dem Trabi? 600 haben ihn bestellt und einer hat ihn bekommen.

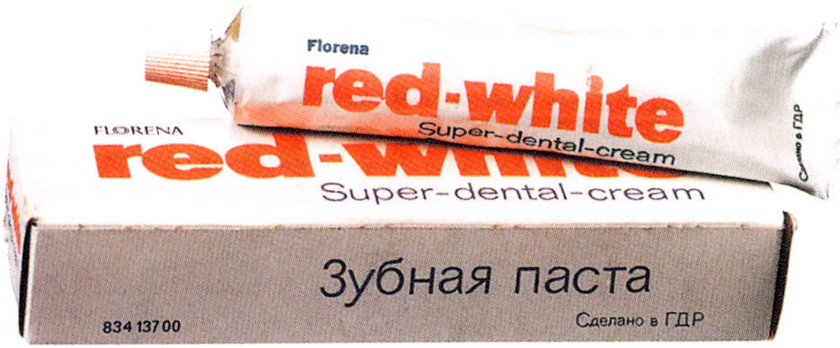

Blendendes Lächeln mit Rot-Weiß-Zahncreme

Chlorodent. Bereits Mitte der 20er-Jahre waren die damaligen Leo-Werke der größte europäische Zahncremehersteller. An gleicher Stelle kommen heute in der Dental-Kosmetik GmbH aus DDR-Zeiten bekannte Marken wie „Putzi", „Perlodont", „Elkadent" und „Rot-Weiß" in die Tube. So putze ich weiter mit „Rot-Weiß", auch weil mich meine Frau gern kussfrisch mag.

Verhör

Stasi: „Genosse, du warst drei Wochen nicht mehr auf der Parteiversammlung."
Genosse: „Hatte viel zu tun."
Stasi: „Aber du bist letzten Sonntag in der Kirche gesehen worden."
Genosse: „Hmm, ja, da musste ich…"
Stasi: „Und du wurdest auch gesehen, als du Geld in den Klingelbeutel getan hast. Aber den letzten Parteibeitrag bist du noch schuldig."
Genosse: „Na ja, den bezahle ich natürlich noch."
Stasi: „Und dann hast du vor Jesus gekniet und ihm die Füße geküsst. Würdest du das mit dem Genossen Honecker auch machen?"
Genosse: „Na ja… also wenn er da so hängen würde…"

Rote Brüder

Warum wurde in der DDR Karl May rehabilitiert? Ganz einfach: Durch Old Shatterhand sollte die Bevölkerung lernen, die roten Brüder im Osten zu lieben.

Gerd Schwinger

Offene Wunden

Meine Hand für mein Produkt. Für eine gute Reckübung galt dieser Spruch uneingeschränkt, und ich habe viele Reckübungen geturnt, mit vielen Riesenfelgen drin. Das Resultat waren offene Hände, mitunter bis aufs Fleisch – Schicksal eines jeden Turners. Das Problem bestand darin, dass für den Heilungsprozess oft nicht mal 24 Stunden zur Verfügung standen, dann hing ich wieder am Reck und es schmerzte, als hätte ich ein glühendes Eisen in der Hand.

Das Schlimmste verhindern sollte „Prax“, das Pflegemittel gegen eingerissene Haut. Doch „Prax“ brauchte nicht 24 Stunden, sondern 24 Tage. Mein Trainer hatte zwei Lösungen: „Entweder dir hilft Westverwandschaft, oder du hilfst dir selbst.“ Die Hilfe aus dem Westen hieß „Atrix“ und war das dortige Pendant zu „Prax“, doch so viel Creme, wie ich gebraucht hätte, konnte meine Tante nicht annähernd in den Osten schicken. Also musste ich auf Bordmittel zurückgreifen, und an dieser Stelle müssen wir einen Ort besuchen, an den man sonst keine anderen Leute mitnimmt. „Du pinkelst da jetzt drauf“, hatte der Trainer mir nämlich aufgetragen, als eines Tages wieder ein Loch in meiner Hand klaffte, und noch

Prax – Handcreme gegen raue und rissige Haut

hinzugefügt: „Aber hinterher nicht waschen!“ Später, als ich genug medizinisches Wissen angehäuft hatte, wurde mir klar, dass dies ein absolut seriöser Tipp vom Trainer war. In dem Augenblick aber, als ich den Strahl auf die Wunde leitete und mich ein ätzender Schmerz durchfuhr, dachte ich nur: Der Trainer will dich hart machen. Erst am nächsten Tag stellte ich überrascht fest, dass meine Hand schon viel besser verheilt war.

Dank der nicht funktionierenden „Prax“ habe ich etwas gelernt: Nicht alles, was weh tut, ist schlecht im Leben.

Geldanlage

Einer schafft 1000 DDR-Mark zur Sparkasse. Er fragt, ob das Geld sicher sei. Das wird ihm bestätigt. Er entgegnet: „Ich habe doch gar nichts in der Hand, und wenn die Sparkasse nun morgen abbrennt?" Kein Problem, die Sparkasse sei versichert. Dann fragt er: „Und wenn mein Geld von Bankräubern gestohlen wird?" Kein Problem, die Sparkasse sei versichert.
Er muss aber noch ein drittes Mal fragen: „Und wenn nun ein politischer Umschwung kommt?" „Ja", sagt die Sparkassenfrau, „dann sind Sie Ihr Geld los." Und nach einer kleinen Pause: „Aber das muss Ihnen doch 1000 Mark wert sein!"

Falsche Planstelle

Zwei Löwen begegnen sich im Zoo, der eine ist stark und gesund, der andere schwach und dürr. Fragt der starke den schwachen Löwen nach dem Grund. Der antwortet: „Ich habe eine Planstelle für einen Affen und bekomme nur Möhren und Bananen zu fressen."

Cornelia Bauer

Beschluss von oben

Werbung dafür gab es nicht, aber eine riesige Gebrauchsanweisung. „Vor Anwendung genau lesen!" Das musste Frau auch, denn beim ersten Anblick der Hygieneartikel aus dem VEB Vliestextilien Lößnitztal kamen Zweifel auf, wie diese wohl an die sensible Stelle gebracht werden sollten. Aber nicht nur anhand Design und Beschreibung wurde rasch klar, dass bei „Neo" und „Imuna" wohl keine Frau in der Entwicklungsabteilung gesessen haben konnte. Diese Tampons ließen einfach am anatomischen Wissen der Hersteller zweifeln.

„Neo" war so robust, dass es nicht nur beim Sitzen kaum zu ertragen war. Das weichere „Imuna"-Modell hingegen schien produktionstechnisch unausgereift zu sein. Es passierte öfter, dass der „Rückzug"-Faden vor selbigem riss. Noch heute hält so manche Test-Anwenderin einen hohen Umsatz für undenkbar und griff damals – wenn möglich – lieber auf geschmeidigere Importe aus dem so genannten Nichtsozialistischen Wirtschaftsgebiet (NSW) zurück.

Was Wunder, dass da die intimsten Artikel sogar Aufmerksamkeit von höchster Stelle fanden. Noch im Dezember 1989 wurden

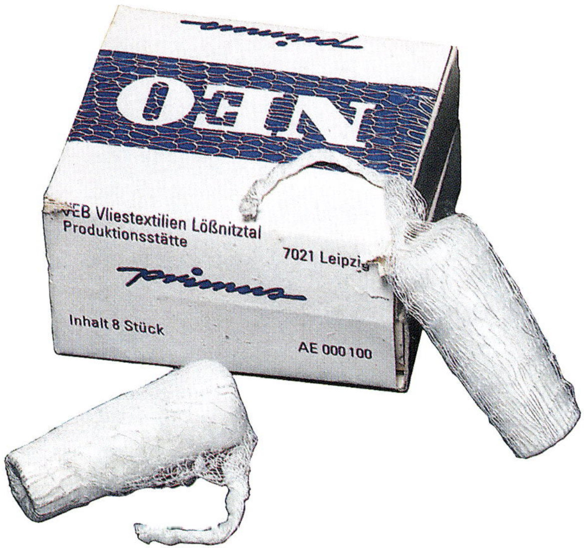

Die Tampons waren anatomisch nicht sehr anschmiegsam

nach regierungsmäßigem Beschluss fünf Tamponautomaten aus der Schweiz in die DDR geliefert. Dann kam die Wende – auch die damenhygienische. Heute braucht Frau keine Gebrauchsanweisung mehr, dafür aber Nerven für die Werbung.

Ohne Unterschied

Zum 1. Mai erhalten die Volkspolizisten eine Prämie. Der Oberwachtmeister liest alle einzeln vor. Als er wendet, liest er: „Genosse Übertrag 1580,- Mark", hält inne und fragt entsetzt: „Wieso bekommt der so viel?"
„Aber Genosse Oberwachtmeister, das ist doch nur der Übertrag."
„Das ist mir egal, wer das ist, ich habe euch doch gesagt, ihr sollt nicht solche großen Unterschiede machen."

Große Sache

Unsere Mikroelektronik war einfach nicht klein zu kriegen!

64

CINDY HEINKEL

Knallharte Kalkulation

Drei unterschiedliche Währungen hat er mitgemacht und zwei Bildungssysteme, ein Studium und einige Steuererklärungen – mein alter Schultaschenrechner SR1. Im Jahr, als ich eingeschult wurde, kam das technische Wunderding aus dem Hause Robotron zum ersten Mal DDR-weit im Unterricht zum Einsatz. 1984. Siebte Klasse aufwärts sollte damit das Rechnen erleichtert werden.

Mit dem Einkaufskorb meiner Mutter holte ich immer am Ende der Sommerferien meine Bücher fürs kommende Schuljahr ab. Mathematik war nie meine Stärke, und deshalb blickte ich hoffnungsvoll auf das schokoladengroße Päckchen, das mir der Lehrer mit den Büchern überreichte. Schon ein Schuljahr und einige gute Mathenoten später lagen auf den Bänken meiner Mitschüler Sharp-Rechner oder welche von Texas Instruments. Bei mir lag weiter die weinrote Hülle mit dem SR1, aufgewertet mit Bravo-Stickern von Schauspieler Tom Cruise.

Ich hänge an diesem einfältigen Ding mit seinem mausgrauen Gehäuse wie an einem treuen Freund. Er erinnert mich an eine unbeschwerte Schulzeit, an Telefonrechnungen, die ich mit meinem

Einmaleins

Rechnen Sie mit dem Schlimmsten, rechnen Sie mit Robotron.

Der Schultaschenrechner SR1 hält ein Leben lang

WG-Mitbewohner beim Studium auseinander klamüsert habe. Noch nie hat er mir den Dienst versagt. Seine Batterie läuft und läuft und läuft. Ich bin sicher, dass mein SR1 ein Leben lang hält. Eben knallhart kalkuliert von den DDR-Oberen, möchte man meinen.

Jens Wenzel

Nicht klein zu kriegen

Technik, die nicht kleinzukriegen ist, und das in doppeltem Sinn: Noch heute leistet ein blaues Exemplar dieser Lampe in meinem Haushalt brav seine erhellenden Dienste. Allerdings – warum auch dafür der Begriff Taschen-Lampe verwendet wird, ist mir nie so richtig klar geworden. Denn das Gerät passt in keine herkömmliche Tasche, von großvolumigen Reisetaschen einmal abgesehen.

Kein Wunder also, dass ich mit diesem Klotz prompt ertappt wurde, als ich wie wohl jeder Steppke versuchte, unter der Bettdecke heimlich zu lesen. Am hellen Lichtschein kann es nicht gelegen haben, denn wenn die Batterien etwas älter waren, entlockten sie der Lampe nur noch ein müdes Flackern. Trotzdem: Diese Taschenlampe weckt die Kreativität – bei sechs Volt, die der Kasten liefert, findet sich genug passendes Zubehör. Und mit etwas Klingeldraht lässt sich daraus eine tolle Alarmanlage basteln, die das Nahen der Eltern rechtzeitig ankündigt ...

Doch die klobige Form hat tatsächlich ihre Vorteile. Das wusste ich vor kurzem zu schätzen, als ein Kurzschluss in der Kaffeemaschine die Elektrik im ganzen Haus lahm gelegt hatte. Im

Sache der Betrachtung

Was ist der Unterschied zwischen Kapitalismus und Sozialismus?
Im Kapitalismus gibt es die Ausbeutung des Menschen durch den Menschen.
Im Sozialismus ist es genau umgekehrt.

Diese Taschenlampe fand man auch im Dunkeln schnell

Gegensatz zu modernen kleinen Halogen-Taschenlampen, die man in solch einem Ernstfall garantiert nicht findet, ist das gute alte DDR-Modell beim Tasten im Dunklen auf einen Griff in die Schublade zur Hand.

Die Niete

In der Schule erläutert die Lehrerin die Symbole des DDR-Wappens: „Der Hammer – die Arbeiterklasse, der Ährenkranz – die Bauern, der Zirkel – die Intelligenz." Fragt Klein Hänschen: „Mein Papa ist Ökonom. Ist der auch im Wappen zu sehen?" „Ja", sagt die Lehrerin, „siehst du nicht die kleine Niete im Zirkel?"

Cornelia Bauer

Gegen den Wind

Eine nackte Blondine vor rotem Stoff und schwebenden Rosen – die Werbung im „Magazin“ soll auf Männer verführerisch gewirkt haben. Der dazugehörige Text war weniger erotisierend: „Yvette intim trägt zum körperlichen Wohlbefinden bei und gibt ein Gefühl der Sicherheit.“ Aber so wohl hab ich mich nicht gefühlt, wenn ich in der Drogerie nach der Hygieneserie für den besten Körperteil griff. Leicht verschämt kamen mir auch die anderen vor, die mit Intim-Spray, -öl oder -lotion im Einkaufskorb in der Kassenschlange warteten.

Ganz sicher war der beständige Geruch des einzig wahren „Parterre-Parfüms“. Den Vergleich mit dem derb-kernig riechenden Linda neutral fand ich denn doch zu heftig, und hautfreundlicher war die Serie allemal. Aber die ölig-milchige Duftnote hat bleibende Eindrücke hinterlassen. „Das roch man zehn Meter gegen den Wind“, platzte einem Kollegen auf die Frage nach Yvettes Bekanntheitsgrad in Männerkreisen heraus.

Und doch hat sich zumindest das Waschöl aus der legendären Serie neben der westlichen Hygieneartikel-Konkurrenz behaupten

Gottlos

Warum ist Honecker noch nicht im Himmel angekommen? Er muss laufen, weil er Himmelfahrt abgeschafft hat.

Seltsamer Speiseplan

Eine Kannibalendelegation besucht die DDR zwecks Studien zur Aufnahme diplomatischer Beziehungen und schaut sich um im Land. Zu Hause angekommen empfehlen sie der Regierung, Botschafter auszutauschen. Begründung: Die DDR sei sehr kannibalenfreundlich. Im Abzeichen der staatstragenden Partei seien sogar zwei abgehackte Hände zu sehen.

Yvette intim hinterließ bleibende Eindrücke

können. Es wird noch immer in Halle produziert. Und es vermittelt ein neues Gefühl der Sicherheit: Erröten muss Frau beim Kauf der 150-ml-Flasche nicht mehr. Die ist jetzt „bei Bedarf ab Werk" erhältlich und ganz diskret per Mail. Nach der Gegen-den-Wind-Ansage werde ich mir das aber überlegen.

Schadenfreude

Warum lächelt der Chinese den Deutschen immer so an? Weil die Chinesen die Mauer noch haben.

MARIO ZETTWITZ

Scharfe Prise

Dank ihrer Mutter waren die häuslichen Pflichten meiner Söhne stets sehr übersichtlich. Manchmal muss ich ihnen wohl wie ein Wesen von einem anderen Stern vorkommen, wenn ich ihnen erzähle, dass ich als Halbwüchsiger der Chef-Einkäufer der Familie war. Während andere schon im Freibad oder auf dem Skihang waren, hetzte ich noch von Geschäft zu Geschäft. Auf meinem Einkaufszettel stand immer auch eine Latte so genannter Raritäten, Produkte, die der sozialistische Mangel-Handel nur sporadisch in die Regale oder unter den Ladentisch bekam. Dazu gehörte auch weißer Pfeffer.

Mir war es eigentlich total egal, ob der Blattsalat mit schwarzem oder hellem Pfeffer angemacht wurde. Aber meine Mutter bestand mit ihren Erfahrungen als Hausmädchen in den 30er- und 40er-Jahren darauf, dass weißer Pfeffer besser sei. Wann immer ich also die Tütchen sah, sackte ich welche ein. Manchmal durfte man nur eine bestimmte Anzahl nehmen. Und da ich mit der Zeit einen typischen Hamsterinstinkt ausbildete, kam ich regelmäßig mit dem scharfen Pulver nach Hause. Aber bis heute ist mir ein

Pfeffer: Fürs Essen und fürs Niesen

Rätsel, was meine Mutter mit dem vielen Pfeffer gemacht hat. Denn nur ab und an habe ich mal eine Prise entwendet, um sie Mitschülern ins Buch zu streuen, auf dass sie hoffentlich heftige Niesanfälle bekamen.

Engpass

Kurz nach der Wende stehen in Ostberlin zwei Sachsen im Aldi vor dem Spirituosenregal. Sie suchen rauf und sie suchen runter. Als die Verkäuferin vorbeikommt und die beiden mustert, fragen sie diese: „Nu, Froilein, saagense mal. Ham se denn och Erdbeersegt?" Da Aldi keinen Erdbeersekt führt, verneint sie das. Darauf der eine zu dem anderen: „Siehste, nu geht das hier och schon los…"

Cornelia Bauer

Schlips statt Schal

Was braucht Mann zum Strickenlernen? Alkoholisierten Übermut und riesige Nadeln. Am besten aus Holz. Da klappt's selbst mit ungelenken Fingern. Das dachte mit jugendlichem Leichtsinn mein Kumpel Andy, griff meine Holzstricknadeln, befand meine bunte Wolle gut genug für einen Schal und quittierte das Gebot der Stricklehre „Du sollst nichts anfangen, von dem du dir nicht hundertprozentig sicher bist, dass du es fertig bekommst" mit breitem Grinsen und einem „Na klar doch!".

An einem wilden Fetenabend stürzte er sich in den Maschen-Aufnehm-Kampf mit Nadeln, Garn und Schweiß. Der Schal, der mal Andys Hals wärmen sollte, wuchs fortan um etwa zwei Reihen pro Tag. Nach einer Woche, vielen Flüchen und mehreren Krämpfen in den Händen reduzierte er das hehre Zwei-Meter-Ziel auf ein Viertel für seinen Teddy. Den würde selbst ein hart gewordenes Strickexperiment nicht kratzen. Tat es auch nicht. Denn angesichts der immer fester werdenden Strickweise meines eisernen, aber zusehends verkrampfteren Kumpels wurde aus dem Schal zu guter Letzt ein Schlips. Teddy bekam ihn huldvoll angelegt und

Ungeborenes Leben

Kurz nach der Wende fragt eine Abgeordnete einen Minister: „Stimmt es eigentlich, dass die Geburtsurkunden der Ostdeutschen ihre Gültigkeit behalten?"

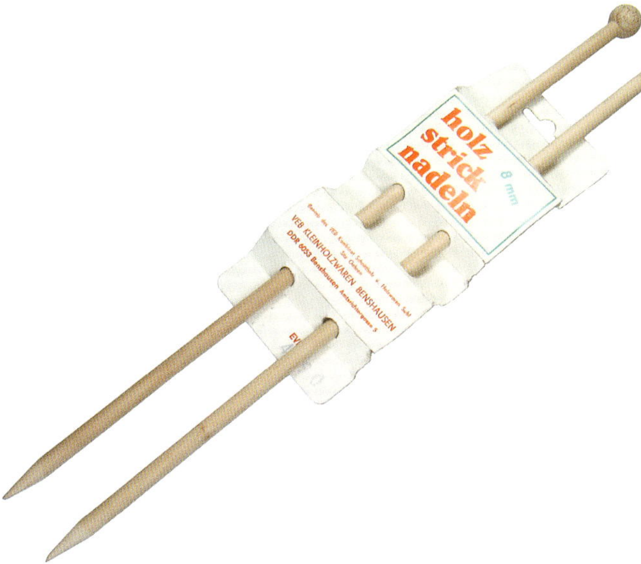

Stricknadeln aus Holz

Ungeliebte Verwandte

Honecker besucht einen Kindergarten in Karl-Marx-Stadt. Eifrig haben sich die Kleinen vorbereitet. Der Staatsratsvorsitzende fragt den kleinen Rolf: „Na, wer ist denn dein Vater?" – „Du, Onkel Erich!" Erich freut sich und fragt weiter. „Und wer ist denn deine Mutter?" – „Das ist die DDR, Onkel Erich!" Wieder freut sich Honecker und fragt weiter: „Und was möchtest du denn mal werden, mein Kleiner?" „Vollwaise, Onkel Erich!"

Andy war stolz, sich ja doch noch an das Gebot der Stricklehre gehalten zu haben.

Ob es Teddy und Schlips noch gibt? Andy und ich haben uns aus den Augen verloren. Geblieben ist die Erinnerung an kultige Strickübungen und die mit Schweiß getränkten Holznadeln.

Peter Lauterbach

Erinnerung – nicht Nostalgie

Solange ich mich erinnern kann, trug der Küchentisch meiner Eltern eine grün-weiß gesprenkelte Sprelacart-Platte. Nur das darüber gebreitete Wachstuch wechselte von Zeit zu Zeit sein Muster. Einmal im Jahr, immer nach dem Abendessen, vollzog sich auf ihm ein seltsames Ritual. Aus Quarkbechern und Geldbörsen wanderten verschiedenfarbige Konsum-Marken auf einen Haufen. Die grünen waren eine Mark wert, blaue fünf, graue zehn und rote fünfzig.

Man bekam sie beim Einkaufen im Dorfkonsum. In meinem Heimatort brauchte ich dafür nicht mal einen Ausweis, weil die Verkäuferinnen wussten, welche Familie Mitglied der Konsumgenossenschaft war und welche nicht. Allerdings rückten sie manchmal die Marken nicht freiwillig raus, und wenn ich mich nicht traute, sie einzufordern, hatte ich Zoff mit meiner Mutter.

Die Marken klebte ich Jahr für Jahr in gelbe Heftchen. Besonders für die Einer und Fünfer brauchte ich zusätzliche Einlegeblätter. Ich weiß nicht mehr, was ein voll geklebtes Heftchen bei der Rückerstattung einbrachte. Aber ich konnte mir jedes Mal ausrechnen, wie viel Geld meine Eltern im Jahr in den Konsum getragen hatten.

Wenn ich darüber nachdenke, fällt mir auch wieder ein, wo in meinem Dorfkonsum Senf und Essig standen, wo die Schokoladentafeln lagen, wo Fischbüchsen und Butterwürfel. Ich glaube sogar, mich an den eigenartigen Geruch erinnern zu können, an das Aussehen der Konsumtür, an die Anzahl der Stufen bis zum Eingang, an die schmalen Einkaufskörbe aus Metall. Ich sehe die „Konsums-Käthe", die Chefin des Ladens, mit ihrer großen Brille hinter der Theke stehen,

Nur 1 Umsatzwertmarken einkleben! (50 Stück à 1 M = 50 M)
3
KONSUM
M 1 M
UMSATZ

wie sie irgendetwas eintütet und den Preis, so wie es damals eben üblich war, auf die Papiertüten schreibt.

Solche Erinnerungen hat jeder. Aber sie werden in keiner Ostalgie-Show auftauchen, weil sie leise sind, weil sie nicht schwarz-weiß malen, sondern Nuancen ausdrücken, und weil sie für nichts anderes stehen müssen als für ein Stück des eigenen Lebens. Ich bezweifle, dass mir das irgendeine Fernsehshow erklären kann. Denn der nostalgische Rückblick auf den Osten, auch Ostalgie genannt, ist so ziemlich das Gegenteil des Rückblicks auf die eigene Vergangenheit. Er verallgemeinert Typisches, das belegen soll, was in der DDR gut und was schlecht gewesen ist. Und neuerdings scheint ja auch weitaus mehr gut als schlecht gewesen zu sein. Nur lässt sich eine Kindheit, wie ich sie erlebte, eben nicht beschreiben mit reichlich vorhandenen Schlagersüßtafeln und chronischem Mangel an Bananen. Beides ist nicht mehr als eine Randerscheinung, die irgendwie dazu gehört, aber die nicht das eigentliche Leben war.

Wer lange genug in seinen eigenen vier Wänden sucht, der wird noch heute vieles finden, was einst volkseigene Betriebstore verlassen hat. Manches wurde bewusst aufgehoben, manches ist rein zufällig einfach noch da. Ich kann mir schwer vorstellen, dass einem diese Dinge heute in die Hände fallen, ohne Erinnerungen hervorzurufen. Das kann die Schachtel schwarze Schuhcreme sein, die noch im Schrank liegt, der Dederon-Beutel, der noch immer für Wäscheklammern gut ist, die Ölflasche in der Garage, das Trabant-Ersatzteil im Keller, die Verpackung für die Weihnachtsbaumbeleuchtung auf dem Dachboden, die Kittelschürze in der Waschküche, das Kassettenradio in der Werkstatt. Wenn sie berührt werden, berühren sie einen selbst. Sie sind als letzte Zeugnisse übrig geblieben aus einer Zeit, die sonst nur noch irgendwo in Gedanken existiert.

Wohl deshalb fällt es manchmal schwer, solche Dinge einfach wegzuwerfen. Sie sollen bleiben, weil man sich gegebenenfalls an sie und an das erinnern will, was sich mit ihnen verbindet. Weil ohne sie der Blick zurück nicht mehr möglich wäre. Jener Blick zurück nämlich, der notwendig ist, um nach vorne zu schauen. Es ist ein bisschen wie beim Autofahren: Wer nicht in den Rückspiegel schaut, lebt gefährlich.

Ich möchte meine Konsum-Besuche nicht aus meinen Erinnerungen streichen. Wenn ich heute durch die prall gefüllten Regalreihen der Einkaufsmärkte gehe, dann weiß ich, ich war einst mit weitaus weniger zufrieden. Und ich weiß auch, dass es Zeiten gibt, in denen sich Regale nicht wie von selbst füllen. Was nicht heißt, dass dann das Leben nur noch schrecklich sein muss.

Wenn ich heute eisern „fit“ kaufe oder Mühlhäuser Marmelade, wenn ich Benzin aus Leuna tanke und wenn ich mich darüber freue, dass die Zeitung, bei der ich arbeite, auf Papier aus Schwedt an der Oder gedruckt wird, dann ist das vielleicht ein bisschen Patriotismus. Vielleicht auch ein bisschen das Gefühl, jemandem von hier damit einen Gefallen zu tun. Aber es ist auch ein bisschen der Blick nach vorne, den ich nicht hätte, wären mir nicht die Papierfabrik in Schwedt oder das Leunawerk in Merseburg aus dem Blick zurück bekannt.

Mario Zettwitz

Betörende Gerüche

Es war der betörende Geruch des faulenden Kapitalismus, der die DDR-Chefideologen immer wieder in Erklärungsnöte brachte. Gegen den verführerischen Parfüm-Kaffee-Duft, der aus den Intershops in die Nase der Arbeiter- und Bauernklasse drang, war nur schwer anzustinken. Die DDR-Seife roch eher wie eine verschwitzte Schulsporthalle und begann meist nach kurzem Gebrauch wie eine Pellkartoffel aufzuplatzen.

Darüber muss ein höherer Funktionär mal mächtig geschäumt haben und wollte den Kapitalismus mit dessen eigenen Mitteln einseifen. Bald eroberte „Nautik" die Waschlappen im Honecker-Land. Das intensiv riechende blau-weiße „Fa"-Pendant kam aus Riesa, von wo ehedem 85 Prozent aller DDR-Seifen kamen. Einzig die dünne Verpackung sprach Bände über die sozialistische Unvollkommenheit.

„Nautik"-Seife wird heute noch von den 90 Mitarbeitern der Kappus Riesa GmbH hergestellt. Wie auch „Grüner Apfel", ein weiteres ehemaliges West-Imitat. Aus Riesa kommen im Jahr gut 100 Millionen 100-Gramm-Seifenstücke. Mehr als die Hälfte

Probe-Lieferung

Als der reiche Amerikaner seinen bestellten Trabi bekommt, sagt er voller Anerkennung: „Diese Deutschen – immer gründlich. Bevor Sie das Auto liefern, schicken Sie erst mal ein Plastikmodell."

„Nautik"-Seife gegen den Intershop-Duft

geht in den Export. Selbst ein Patent für eine schwimmende Seife besitzen die Riesaer inzwischen.

Die „Nautik" gibt es noch immer. Nur dieser typische Westgeruch scheint mit den Intershops irgendwie abhanden gekommen zu sein …

Freudenfest

Honecker, Stoph und Krenz fliegen im Flugzeug über das DDR-Gebiet. Sagt Krenz: „Wenn ich 'ne Mark rausschmeiße, freut sich ein DDR-Bürger." Stoph sagt: „Ich schmeiß' 10 Mark raus, dann freuen sich zehn DDR-Bürger." Darauf Honecker: „Gut, dann schmeiße ich 100 Mark raus, dann freuen sich hundert DDR-Bürger." Da macht der Pilot die Tür auf und sagt: „Ich schmeiße euch alle drei raus. Dann freuen sich 17 Millionen."

Dirk Meyer

Gewaltige Explosionen

Zwei, drei Tage vor Silvester standen die Leute bei uns im Ort immer Schlange vor dem Spielzeugladen. Dann gab's Knaller. Die ersten Kracher waren bereits kurz nach acht in den Straßen zu hören. Zwar wusste jeder, dass die Knallerei erst am Nachmittag des Silvestertages erlaubt war, doch das hat uns als Jugendliche nicht gestört. Hatten wir doch mit den Blitzknallern „Filou" aus dem VEB Pyrotechnik Silberhütte einen aufregenden Zeitvertreib für die freien Tage nach dem Fest gefunden.

Eins, zwei Pappschachteln mit je 20 Stück brachten schon eine Menge Gaudi. Gesteigert werden konnte der Spaß noch mit ein paar Weihnachtsbaumkugeln. Blitzknaller rein ... Peng. So kam es, dass der Weihnachtsbaum bei uns jedes Jahr etwas weniger bunt aussah.

Ach ja, Raketen gab es auch zu Silvester. Genau zwei Sorten: eine mit drei bunten Kugeln und die Knallrakete. Letztere schoss mit einem langen Silberschweif in den Himmel und sorgte dank Alu-Hülse für einen recht ordentlichen Kracher. Das äußerst magere Sortiment reichte uns natürlich nicht aus. Wir kreierten

Statistik

Warum gab es in der DDR so wenig Banküberfälle? Weil man acht Jahre auf das Fluchtauto warten musste.

Blitzknaller „Filou“ rein … peng

den „Ost-West-Dosen-Böller“: Holzstab der handelsüblichen DDR-Knall-Rakete entfernen, Alu-Hülse kopfüber in die Öffnung einer leeren Cola- oder Bierdose (westdeutsches Fabrikat vom Kinderzimmerschrank) stecken und an der Zündfläche anzünden. Der Schweif wird zur riesigen silbernen Bodenfontäne und dann … rums! Die Explosion war gewaltig – und gefährlich.

Ohne Hand und Fuss

In der staatlichen Plankommission wurde ein neugeborenes Baby gefunden, doch keiner will's gewesen sein. Es wird untersucht, ob es jemandem von der Plankommission gehören könnte. Das Ergebnis: Nein.
Denn: 1.) In der Plankommission macht keiner was mit Lust und Liebe.
2.) In neun Monaten hat dort noch keiner was zustande gebracht.
3.) Und wenn schon mal einer was produzierte, hatte es weder Hand noch Fuß.

Cornelia Bauer

Baden mit Badusan

Meine Eltern hab ich mit „Baden mit Badusan, Badusan, Badusan“ wohl ziemlich genervt. Wenn ich am Sonntag baden musste, sollten sie auch etwas davon haben. Ich trällerte den Badewannensong aus der Werbung und sie schlossen alle Türen. Beim Baden war der Werbe-Ohrwurm Kult, die lustige Badusan-Spiel-Ente und der Badusan-Fisch planschten mit mir durch die Wanne und zierten über die Woche deren Rand. Doch diese belebende Wirkung hatte das fichtennadelduftige Schaumbad nicht auf jeden Wannengast. Beispielsweise Oskar.

Oskar stammte aus der Zucht eines Freundes der Familie, war ein Geburtstagsgeschenk für meine Mutter und verbrachte die Feier in der Wanne. Oskar war ein schöner Kerl. Kein toller Hecht – aber ein dicker, lebendiger Karpfen. Und je länger die Feier dauerte, umso öfter redete mancher WC-Gast mit ihm. Einer befand nach einer guten Mischung Wein, Goldbrand und Mutters selbst gemachtem leckeren Eierlikör, dass Oskar verdammt traurig dreinschaue und sich wohl allein fühle. Kurz darauf schwammen zwei Fische im Wasser: der Badusan-Fisch mit dem Bauch nach unten,

Güter-abwägung

Kann man in einem industrialisierten Land, wie z.B. der Schweiz, den Sozialismus aufbauen? Im Prinzip ja, aber es wäre schade um die hochentwickelte Wirtschaft.

Ein fast mörderischer Badezusatz

Oskar mit dem Bauch nach oben! Baden mit Badusan versetzte den Karpfen offenbar in Trance. Die einstündige Rettungsaktion war das Ende der Feier. Oskar wurde mit Frischwasser begossen, bis die Kiemen wieder klappten, die Badewanne geschrubbt und gespült. Oskar hatte überlebt. Noch Tage war die Wanne sein Reich.

Dann gab es Tränen. Oskar ward zum Karpfen blau und stand mit Kartoffelbeilage auf dem sonntäglichen Mittagstisch. Ich konnte ihn nicht essen. An diesem Wochenende trällerte ich keinen Bade-mit-Badusan-Song. Und der Badusan-Fisch blieb auf dem Wannenrand – geschmückt mit einer schwarzen Schleife.

Farbenlehre

Zwei DDR-Polizisten laufen Streife. Plötzlich fragt der eine: „Ist Schwarz eine Farbe?" Nach einigem Nachdenken sagt sein Kollege: „Ja. Schwarz ist eine Farbe." Nach ein paar weiteren Stunden dasselbe Spiel. „Genosse, ich muss dich noch mal was fragen. Ist Weiß auch eine Farbe?" Antwort: „Ja, Weiß ist auch eine Farbe." Total erleichtert blickt der Fragesteller um sich und sagt: „Jetzt bin ich aber froh, dann hab ich also doch einen Farbfernseher gekauft."

Schlangenbeschwörung

Warum verkauften in der DDR immer ein Schwarzer, ein Liliputaner und ein Inder gemeinsam? Nun, der Schwarze verkaufte schwarz, der Liliputaner unterm Ladentisch. Und der Inder beruhigte die Schlangen.

Ilga Gäbler

Die Maschen liefen

Mein Gott, waren die Miniröcke kurz. Ich konnte es selbst kaum glauben, als ich mich so kurz berockt auf einem alten Foto entdeckte. Sich selbst einen kurzen Rock zu schneidern, das war nicht schwierig. Doch woher sollte man die Strumpfhosen bekommen?

Meine ersten hauchdünnen Beinkleider kamen vom Klassenfeind. Sie steckten in einem Westpaket. Eine meiner Freundinnen hatte es bekommen. Großzügig gab sie mir eine der begehrten Hosen ab. Nicht mal eine müde Ost-Mark brauchte ich dafür zu bezahlen. Ich hegte und pflegte das gute Stück. Doch eines Tages war ihr das übliche Schicksal beschieden. Die Maschen liefen und liefen. Da half auch kein Nagellack mehr.

Für die DDR-Frauen gab es Feinstrumpfhosen von Esda. Doch modebewusst zu sein, hatte seinen Preis. Eine Strumpfhose kostete zwischen 14 und 18 Mark. Doch die Not machte die DDR-Bürger auch in diesem Falle erfinderisch. Es entstand ein ganzer Erwerbszweig. Geschickte Frauenhände nahmen die Maschen, die sich selbstständig gemacht hatten, wieder auf. „Repassieren“ nannten es die Fachfrauen. Und es gab wohl keines der damaligen Dienst-

Für die modebewusste DDR-Frau

leistungskombinate, das nicht in einem der größeren Orte eine Laufmaschen-Annahmestelle betrieb. Viele Frauen gaben dort ihre reparaturbedürftigen Strümpfe ab und andere Frauen lebten davon.

Heute wandern kaputte Strumpfhosen in den Abfall. Was einem so ein hauchdünnes Etwas mal wert war, ist eine alte Masche.

Gute Planung

Ein DDR-Bürger hat sich ein neues Auto bestellt. Der Verkäufer: „Sie können sich Ihren Trabi heute in zehn Jahren abholen." Der Käufer: „Vormittags oder nachmittags?" – „Ist das nicht egal?", fragt der Verkäufer. Antwortet der Kunde: „Na ja, vormittags will schon der Klempner kommen."

Kein Problem

Ein hoher DDR-Sportfunktionär wird vor einem internationalen Fußballspiel gefragt, ob man das Stadion voll bekomme. Er antwortet: „Mit Sicherheit, mit Sicherheit…"

Mario Zettwitz

Märchenstunde

Es muss keine Hightech sein, um Menschen zu begeistern. Vor allem bei kleinen Menschen nicht. Als Kindergartenknirps war ich immer total aus dem Häuschen, wenn die Erzieherin das dunkle Plaste-Urgetüm aus dem Schrank holte und wir unsere Stühlchen in der Mitte des Raumes aufstellen sollten. Da wusste ich: Gleich ist Märchenstunde. Schneewittchen in Farbe. Toll. Wo wir nicht mal einen Schwarz-Weiß-Fernseher zu Hause hatten.

Die Erzieherin stellte das, was sie Dia-Projektor nannte, auf einen Stapel Bücher und steckte das Filmband auf zwei Halter zwischen Objektiv und Funzellampe. Dann wurden die Rollos heruntergelassen, und auf der weißen Wand uns gegenüber erschien das erste farbige Bild. Stück für Stück rollte unsere Märchentante mit Daumen und Zeigefinger von links nach rechts. Mit offenen Mündern schauten wir die farbigen Zeichnungen an und lauschten der Erzählung unserer Märchentante. Und in mir wuchs der Wunsch, auch einmal solch einen Projektor zu haben. Ich habe mir dann einen größeren Projektor zugelegt. Die Märchenserien gab es inzwischen schon einzeln gerahmt.

Der Dia-Projektor machte die Welt farbig

Trotzdem kann ich mich nicht des Eindrucks erwehren, dass auch heute noch ein ganz einfacher Dia-Projektor und eine selbst erzählte Geschichte kleine Kinderherzen höher schlagen lassen als manches Computer-Spiel.

Erpressung

Drei Jäger, einer davon ein Stasi-Mitarbeiter, gehen in den Wald. Jeder soll ein Wildschwein schießen. Der erste kommt nach kurzer Zeit zum Treffpunkt zurück, auf dem Rücken eine große Wildsau. Kurz danach kommt der zweite und bringt auch ein Schwein mit. Auf den Stasimann warten sie und warten, bis sie ihn suchen und vor einem Baum wiederfinden. Daran hat er einen Hasen gefesselt, prügelt auf ihn ein und schreit: „Gib zu, dass du ein Wildschwein bist – wir wissen alles!"

THOMAS SPRAFKE

Langer Kassenzettel

Obwohl technische Begriffe für mich trotz aller Planwirtschaft meist Fremdworte blieben, wusste selbst ich mit PAL und SECAM etwas anzufangen. Dank der beiden Farbfernseh-Systeme flimmerten Mitte der 80er-Jahre plötzlich auch Sportschau, Dallas oder Elf 99 bunt in unsere Wohnstuben. Die neue Errungenschaft löste mindestens so viel Erstaunen aus wie ein Westauto.

Aber: Die im VEB Kombinat Rundfunk und Fernsehen (RFT) in Staßfurt montierten Geräte mit japanischen Bildröhren waren Mangelware. Und sauteuer. Für die kleine Ausführung, den Colormat 4506, musste ich stolze 4900 Mark hinblättern. Der große Bruder kostete gar 6200 Mark. Der Nachfrage tat der Preis allerdings keinen Abbruch. Lange Schlangen bildeten sich vor den RFT-Läden, wenn Lieferung aus Staßfurt kam.

Wer den Chef-Verkäufer besser kannte, konnte sich das Anstehen sparen. Das 25 Kilo schwere Gerät „unterm Ladentisch" zu kaufen, war jedoch unmöglich. Also einigten wir uns auf einen Termin außerhalb der Öffnungszeiten. Ganz genau erinnere ich mich noch an den langen Kassenzettel. Er wies acht Posten zu

Politischer Diebstahl

Zeitungsmeldung im Neuen Deutschland:
„Letzte Nacht frecher Einbruch im Innenministerium!"
Honecker ruft seinen Polizeichef an: „Wurde etwas Wichtiges gestohlen?"
„Halb so wild. Nur die Wahlergebnisse für die nächsten 30 Jahre…"

Klein, aber sauteuer: der Colormat 4506

500 und einen zu 900 Mark aus, weil keine vierstelligen Beträge eingegeben werden konnten. Nach Ablauf der 18-monatigen Garantie machte sich bei mir kurzzeitig ein flaues Gefühl in der Magengegend breit. Umsonst. Der Colormat 4506 läuft noch heute.

Überflüssig

Ein Betrunkener spricht in einer Kneipe einen Unbekannten an: „Kennen Sie den Unterschied zwischen meinem Bier und Honecker?"
Der Unbekannte verneint.
„Mein Bier ist flüssig und Honecker ist überflüssig."
Sagt der Fremde: „Ich habe auch mal eine Frage. Kennen Sie den Unterschied zwischen Ihrem Bier und Ihnen selbst?" – „Nein." – „Ihr Bier bleibt hier und Sie kommen mit…"

Wahre Auskunft

Fragt ein Japaner von einer Wirtschaftsdelegation den Pförtner in einem Betrieb: „Wie viel arbeiten denn hier in dem großen Gebäude?" Sagt der Pförtner: „Na, ungefähr 50 Prozent."

CINDY HEINKEL

Zweite Garnitur

Wir waren im Trainingszentrum Ski. Vier Mädchen aus meiner Klasse. Obwohl ich begeistert zu jedem Crosslauf und jedem Wintersportwettkampf auflief, war ich immer die Schlechteste. Wenn die anderen auf Podestplätzen standen, guckte ich nur traurig zu. Wenn sie beim Abschlussappell vor den Sommerferien goldene Sportabzeichen einheimsten, bekam ich höchstens ein silbernes.

Nun ging es zu DDR-Zeiten schon in manchen Bereichen recht kapitalistisch zu. Die größten Talente bekamen die meiste Förderung, auch materieller Art. Die modernsten Schnabel-Skischuhe bekam nur unsere Beste. Den neu entwickelten Laufanzug durften nur die Medaillenhoffnungen tragen.

Doch auch die zweite Garnitur musste motiviert werden. Das sahen sogar meine Trainer ein. Zu Zeiten, als es in der „Spowa" schnittige Langläufer mit pinkem Calgary-Schriftzug gab, spendierten sie mir ein paar graue Germina-Turnschuhe mit silbernen Streifen, Größe 38. Die Tappen müssen ein Vermögen gekostct habcn, bildctc ich mir damals cin. Ich pflcgtc und hcgtc sic, bewahrte sie wie ein Heiligtum im Schuhschrank meiner Eltern

Germina-Turnschuhe waren im Schrank gut aufgehoben

auf. Zur Wende waren sie immer noch wie neu und wurden aber recht zügig von blauen Adidas in Schuhgröße 39 abgelöst. Die Germina-Heiligtümer passten nicht mehr. Doch niemand anderes wollte sie haben. Zweite Garnitur halt.

Trick 17

Gorbatschow, Bush und Honecker in der afrikanischen Wüste. Die drei werden von Einheimischen verfolgt. Gorbi schreibt auf einen Zettel: „1000 Rubel, wenn ihr uns nicht weiter verfolgt." Doch die Einheimischen verfolgen die drei weiter. Bush schreibt: „1 000 000 Dollar, wenn ihr uns nicht weiter verfolgt." Das bringt aber auch nichts. Honecker schreibt einen Zettel und legt ihn auf den Boden. Die Einheimischen lesen ihn – und laufen sofort weg. Gorbatschow und Bush fragen Honecker, was er geschrieben hat. Honecker: „Noch ein Kilometer, dann beginnt die DDR."

Westgeld

Der Unterschied zwischen der DDR und der BRD? Keiner. In beiden Ländern bekam man für Westgeld alles.

VOLKER KRING

Mysterium des Gummis

Wenn ich hier über die Mondos schreibe – wie die einzige Kondom-Marke in der DDR hieß – , dann ein wenig wie der Blinde, der von der Farbe erzählt. Zu dem Zweck, zu dem die Verhüterli eigentlich gedacht waren, habe ich sie nämlich nie genutzt, denn Aids war damals noch kein Thema. Dass ich dennoch zum Mondos-Experten wurde, liegt an einer Klassenfahrt.

Wir waren damals so zehn, elf Jahre alt und irgendjemand hatte beim Halt auf dem Leipziger Hauptbahnhof auf der dortigen Toilette eines jener kleinen geheimnisvollen Päckchen aus dem Automaten gezogen. Klar, dass das Mysterium, dessen wir so unerwartet habhaft geworden waren, genauer unter die Lupe genommen werden musste. Dass die Mondos wunderbar als Luftballonersatz taugten, war uns sofort klar. Aber wir, die uns damals alles Sexuelle maßlos interessierte, hatten Größeres vor.

In der Jugendherberge angekommen, verdrückten wir uns bei der erstbesten Gelegenheit auf die Toilette. Dort mussten die Überzieher beweisen, was sie konnten. Sage und schreibe einen Eimer Wasser brachten wir in einem einzigen Kondom unter. Der Gummi

Mondos, die DDR-Kondom-Marke

wurde dünn und dünner, die Wasserblase dick und dicker, der Präser aber hielt. Erst beim Versuch einer weiteren Zugabe platzte die inzwischen hauchdünne Haut und eine Flutwelle ergoss sich in den Raum. Wir waren schwer beeindruckt vom Fassungsvermögen der Mondos und uns schwante Großes in Bezug auf die männliche Leistungsfähigkeit. Leider hat uns das Leben später zurückgeholt auf den Boden der biologischen Tatsachen.

Zur Sicherheit

Stecknadel und Nähnadel gehen spazieren. Sagt die Stecknadel zur Nähnadel: „Du, soll ich dir mal einen politischen Witz erzählen?" Darauf die Nähnadel: „Psst, dahinten steht eine Sicherheitsnadel!"

CINDY HEINKEL

Abgetaucht

Es ist noch nicht lange her, da schuckelte ich in einer russischen Eisenbahn von Moskau nach Wladimir, eine hundert Kilometer entfernte Stadt auf dem Goldenen Ring. Meine Gastmutter Tamara und ihre Tochter Valja waren mit von der Partie. Die Kälte durchlöcherte förmlich die Wollstrumpfhosen. Im Gepäck hatten wir einen Tauchsieder.

Einen Tauchsieder mitnehmen? Beim Packen wollte mir das einfach nicht in den Kopf. Wir schlafen doch in einem Hotel oder? Außerdem gibt es unterwegs keine Steckdosen. Kann man sich an einem Tauchsieder wärmen in der klirrenden Kälte Russlands? Irgendwie hielt ich die Sache für verrückt. Die deutschen, geordneten Verhältnisse holten mich jedoch ein, als ich das Hotel betrat. Weithin das beste Haus am Platz. Lange Gänge mit Teppichboden empfingen mich und ein gemütliches Schlafzimmer mit postsozialistischem Ambiente. Alles schön und gut – aber ein Frühstücksbüfett? Weit gefehlt.

Tamara holte den guten, alten Tauchsieder heraus. Vielleicht ein russisches Fabrikat. Aber garantiert so zuverlässig wie der

Hören und sehen

Unterschied zwischen einem Trabi und einem Düsenjäger? Den Düsenjäger sieht man, bevor man ihn hört. Den Trabi hört man zuerst.

Tauchsieder – ein probates Mittel gegen russische Kälte

R 015 vom VEB Narva „Rosa Luxemburg". Der dümpelt noch original-verpackt in einem Schubfach bei meiner Mutter. Aber er funktioniert noch. Genau wie der in Wladimir – der bescherte uns einen wundervollen schwarzen Frühstückstee. Heute, wenn ich Tee koche, denke ich oft an die improvisierte Teekochaktion. Nur dass der Tauchsieder irgendwie in meinem Wasserkocher abgetaucht ist.

Überrascht

Kaufhausreklame: Sowjetisches Speiseservice für 12 Personen für 50,– Mark. Man reiht sich zum Anstehen in die Schlange ein, jeder bekommt einen Pappkarton und bezahlt.
Zu Hause wird ausgepackt. Was ist drin? Eine große Schüssel und 12 Holzlöffel.

Ilga Gäbler

Netz mit Durchfall

Beim Aufräumen auf dem Boden habe ich es entdeckt, das alte Einkaufsnetz. Genauso eins lag immer auf dem Küchentisch, wenn ich von der Schule kam. Daneben fand ich Geld und einen Einkaufszettel. „Hole einen Laib Brot“, stand meist ganz oben auf der Liste. Und so ein Mehrpfünder bedeutete schon Schlepperei. Schließlich musste ich bis zum Ende des Dorfes in den Konsum. In einem Wohnhaus war er untergebracht. Das Wichtigste für mich war: Bloß keine Lieferung verpassen, sonst saß die Familie abends ohne Brot am Tisch. Das war gar nicht so leicht. Denn alles kam zu seiner Zeit: Erst das Obst und Gemüse, dann die Milch und schließlich fuhr das Brotauto vor. Oder war es umgekehrt? Egal. Ich war immer auf Achse zwischen daheim und Konsum. Gab’s gar Pfirsiche, Apfelsinen oder Weintrauben, verbreitete sich die Kunde wie ein Lauffeuer im Dorf. Alles rannte in den Laden. In der Schlange stehend hofften alle, ein paar von den seltenen Südfrüchten zu erhaschen. Manchmal hatte man Glück.

Eines Tages war ich zum Glück schnell an der Reihe. Ich verlangte Zucker, so wie es mir Mutter aufgetragen hatte. Aber was

Tempo

Wann erreichte der Trabi seine Höchstgeschwindigkeit? Wenn er abgeschleppt wurde!

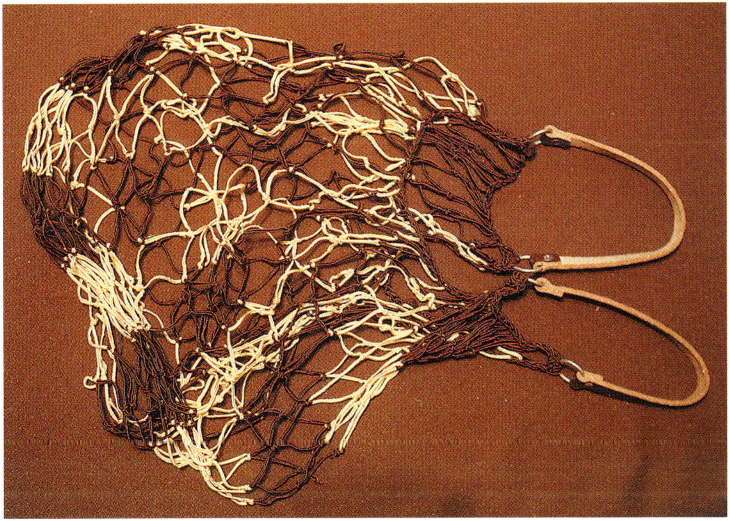

Brot, Bier, Limo – alles passte rein

war das? Zu Hause lagen nur noch Papierfetzen im Netz. Gedankenverloren hatte ich das schwere Netz einfach auf der Straße hinter mir hergeschleift. „Wo ist der Zucker?“, wollte Mutter wissen. Auf dic Schncllc ficl mir nur cinc Erklärung ein, als ich auf das löchrige Etwas sah: „Das Netz hatte Durchfall.“

Flüchtig

Nach seinem Ableben klopft Honecker bei Petrus an die Tür. Dieser sieht nach und fragt: „Du hast dich wohl verlaufen? Ab in die Hölle!“ Ein halbes Jahr später klopfen zwei Teufelchen bei Petrus an. Petrus: „Ihr seid ganz falsch hier!“
Sie entgegnen: „Nein, wir sind die ersten Flüchtlinge...“

Gerd Schwinger

Smoke on the water

Ich war Student und machte in einer Band mit. Ganz im Gegensatz zu meinen Lehrfächern war für mich in Sachen Musik tägliches Üben ein unbedingtes Erfordernis. Ich hatte ja vorher nur schlichtes Liedgut gespielt. Nun schloss ich meine neu erstandene E-Gitarre, ein tschechischer Fender-Nachbau, an den Stern-Radiorekorder R 4100 an. Die Zahl stand leider nicht für „Watt", das wäre im Studentenwohnheim vielleicht doch ein bisschen zu laut gewesen. Aber wenn man sowohl den Lautstärke- als auch den Bass-Regler bis auf Anschlag drehte, entfleuchten dem Gerät unvorstellbare Klänge. Es übersteuerte derart, dass ich mir einen teuren Verzerrer ersparen konnte und „Smoke on the water" total echt klang.

Ich habe mich oft gefragt, wie das Gerät aus Sonneberg diesen fortgesetzten Angriff auf seine Lautsprecher-Membran nur unbeschadet überstehen konnte. Über Jahre ging das so. Die Songs wechselten, Sternradio aber blieb. Heute weiß ich, dass die Sachen zu DDR-Zeiten gebaut wurden, um zu halten – aus guten Gründen. Kein Vergleich mit der heutigen Heimelektronik, von der ich manchmal denke, sie soll nicht so lange halten – auch aus guten Gründen.

Nach der Wende

Zwei Omas unterhalten sich: „Jetzt, wo wir endlich das Westgeld haben, machen die Intershops zu."

Der Stern-Radiorecorder verzerrte gewaltig

Einen Stern-Radiorecorder habe ich noch. Wacker tut er seinen Dienst. Immer wenn ich ihn anknipse, denke ich an „Smoke on the water“. Seit mir unlängst ein Freund eine alte Aufnahme mit einer 20-Minuten-Version des Stückes geschickt hat, weiß ich übrigens, dass es katastrophal geklungen haben muss.

Auf dem Mars

Parteiversammlung in Ost-Berlin. Vorne auf der Rednertribüne: Laber, schwadronier, laber…
Im Saal: …schnarch.
Eine halbe Stunde später, der Redner faselt immer noch, kommt ein Saalordner mit einem Zettel zum Pult und reicht es dem Redner. Der liest, an die Massen gewandt:
„Jenossinnen und Jenossen, die Russ'n sinn uffm Mars jelandet.“
Stille… Dann, von ganz hinten, eine Stimme: „Alle?“

Brüder

Waren die Sowjetmenschen nun unsere Freunde oder unsere Brüder? Es waren unsere Brüder. Freunde kann man sich aussuchen, Geschwister nicht.

MARIO ZETTWITZ

Ungesunde Treue

Ein Liebesdienst stand am Anfang meiner bis heute ungebrochenen Beziehung zu dieser schlanken Dresdnerin mit dem blonden Schopf. Für meine Mutter brach damals eine Welt zusammen. Mein Vater schwieg: Er rauchte f6-Zigaretten, seitdem sie für 3,20 DDR-Mark auf den Markt kamen.

1979 hatte sich der Studienfreund, mit dem ich zusammen hauste, unsterblich verliebt. Dumm nur, dass seine Angebetete heftige Raucherin war – und ich zu jener Zeit ein militanter Nichtraucher. Um das junge Glück nicht zu zerstören, schluckte ich den Qualm verbissen herunter. Irgendwann, nach der dritten Flasche Rotwein der Marke „Liebeszauber", steckte ich mir selbst so einen Glimmstengel ins Gesicht – eine f6. Bei dieser dummen Angewohnheit blieb es.

Trennungsversuche scheiterten kläglich. Selbst nachwendische Seitensprünge mit parfümierten Düften der großen weiten Welt festigten eher die Sucht-Beziehung zu dieser grün-gelb-braunen Pappschachtel. Es ist eine große Beziehung, denn mit geschätzten 37 Prozent Anteil ist die f6 Marktführer zwischen Rügen und Rhön.

Blauer Dunst mit f6-Filterzigaretten

Es ist eine besondere Beziehung, denn entlang des Rheins ist dieser Qualmstengel kaum zu bekommen. Gesundheit hin, Gesundheit her – es ist ein immer seltener anzutreffender Wert, dass sich jemand treu bleibt. Die f6 ist sich treu geblieben. Darum werde ich sie mir vorerst nicht abgewöhnen.

Privateigentum

Konnte in der DDR eine staatliche Familienplanung eingeführt werden?
Nein, das war unmöglich, da zumindest für diesen Zweck die Produktionsmittel in privater Hand lagen.

Autoren

Cornelia Bauer, Jahrgang 1962
Ralf Brückner, Jahrgang 1960
Ilga Gäbler, Jahrgang 1951
Cindy Heinkel, Jahrgang 1977
Volker Kring, Jahrgang 1966
Peter Lauterbach, Jahrgang 1968
Dirk Meyer, Jahrgang 1966
Thomas Sprafke, Jahrgang 1965
Gerd Schwinger, Jahrgang 1960
Jens Voigt, Jahrgang 1963
Jens Wenzel, Jahrgang 1966
Mario Zettwitz, Jahrgang 1955

Alle Autoren arbeiten oder arbeiteten für die Thüringer Tageszeitung „Freies Wort".

Vorwort: Uwe Steimle – Schauspieler und Kabarettist (Dresden)

Quellen

Die Beiträge auf den Seiten 10, 14, 20, 22, 30, 32, 34, 42, 44, 48, 50, 52, 54, 58, 74, 78, 88, 98 und 100 wurden im September und Oktober 2003 in der Zeitung „Freies Wort" veröffentlicht. Alle anderen Beiträge wurden für dieses Buch geschrieben.
Fotos: ari, privat